Herta Müller

Dépressions

*Traduit de l'allemand
par Nicole Bary*

Gallimard

Titre original :

NIEDERUNGEN

Herta Müller est née en 1953 dans la province de Banat en Roumanie, au sein de la minorité allemande des Souabes. Persécutée par le régime de Ceaușescu, elle émigre en 1987 en Allemagne de l'Ouest, à Berlin où elle vit encore. Elle reçoit en 2009 le prix Nobel de littérature, récompensée pour avoir, « avec la densité de la poésie et la franchise de la prose, dépeint l'univers des déshérités ».

L'ORAISON FUNÈBRE

À la gare la famille avançait dans la vapeur du train. À chaque pas ils brandissaient le bras en agitant la main.

Debout derrière la fenêtre du train il y avait un jeune homme. La vitre lui arrivait à la taille. Il tenait sur sa poitrine un bouquet de fleurs blanches en piteux état. Son visage était figé. Une jeune femme sortit de la gare en portant un enfant blême. La femme était bossue.

Le train partait vers la guerre.

J'éteignis le téléviseur.

Le père était allongé dans un cercueil au beau milieu de la pièce. On avait accroché tant de photos qu'on ne voyait plus les murs.

Sur une photo le père atteignait à peine la hauteur de la chaise à laquelle il se tenait. Debout sur ses jambes arquées et potelées, il était vêtu d'une robe. Sa tête chauve avait la forme d'une poire.

Sur une autre photo, le père était en marié.

On ne voyait que la moitié de sa poitrine. Un bouquet de fleurs blanches à demi fanées dans la main de la mère formait l'autre moitié. Leurs têtes étaient si proches l'une de l'autre que les lobes de leurs oreilles se touchaient.

Sur une autre photo le père était debout devant une clôture, droit comme un cierge. Sous ses godillots la neige. Si blanche qu'il se tenait dans le vide. Main levée au-dessus de la tête pour saluer. Les insignes runiques sur le col du manteau.

Sur la photo juste à côté, le père portait une pioche sur l'épaule. Derrière lui une tige de maïs touchait le ciel. Le père avait un chapeau sur la tête. Le chapeau projetait une ombre large et cachait son visage.

Sur la photo suivante le père était au volant d'un camion. Le camion était chargé de bœufs. Le père conduisait chaque semaine les bœufs à la ville, à l'abattoir. Le visage du père était mince et anguleux.

Sur toutes les photos le père était figé au beau milieu d'un geste. Sur toutes les photos on aurait dit qu'il ne savait plus quoi faire. Mais le père savait toujours quoi faire. C'est pourquoi toutes ces photos étaient fausses. Maintenant il faisait froid dans la pièce à cause de toutes ces photos fausses, de tous ces visages faux. Je voulus me lever de ma chaise, mais le gel avait collé ma robe au bois. Ma robe noire était transparente. Quand je bougeais elle crissait comme si j'avais été coulée dans du verre. Je me levai et je touchai le visage du père. Il était plus froid que les objets dans la pièce. Dehors c'était l'été. En vol les mouches laissaient tomber leurs larves. Le village s'étendait le long d'un large chemin sablonneux. Le sable brun était brûlant et son miroitement brûlait les yeux.

Le cimetière était dans les éboulis. Sur les tombes il y avait de grosses pierres.

Lorsque je regardai par terre, je remarquai que les semelles de mes souliers étaient sens dessus dessous. J'avais marché tout le temps sur mes lacets. Ils traînaient derrière moi, longs et épais. À leurs extrémités ils se lovaient l'un dans l'autre.

Deux petits hommes chancelants soulevèrent le cercueil hors du corbillard et le firent descendre dans la tombe à l'aide de deux cordes élimées. Le cercueil tanguait. Leurs bras et leurs cordes s'allongeaient de plus en plus. Malgré la sécheresse la tombe était pleine d'eau.

Ton père a de nombreux morts sur la conscience, dit l'un des petits hommes saouls.

Je dis : il a fait la guerre. Pour vingt-cinq morts, on lui a remis une décoration. Il a rapporté plusieurs décorations.

Il a violé une femme dans un champ de betteraves, dit le petit homme. Avec quatre autres soldats. Ton père lui a fourré une betterave entre les jambes. Lorsque nous sommes partis, elle saignait. C'était une Russe. Pendant des semaines nous n'avons cessé de donner le nom de betterave à toutes les armes.

C'était la fin de l'automne, dit le petit homme. Les feuilles des betteraves étaient noires et recroquevillées par le gel.

Ensuite le petit homme porta une grosse pierre sur le cercueil.

L'autre petit homme saoul reprit :

Au début de la nouvelle année, nous sommes allés à l'Opéra dans une petite ville allemande. La chanteuse avait une voix aussi aiguë que la Russe. L'un après l'autre, nous avons quitté la salle. Ton père est resté jusqu'à la fin. Pendant des semaines il a donné le nom de betterave à tous les chants et toutes les femmes.

Le petit homme buvait de la gnôle. Ça glougloutait dans son ventre. J'ai autant de gnôle dans le ventre qu'il y a d'eau dans les tombes, dit-il.

Puis le petit homme porta une grosse pierre sur le cercueil.

Le préposé à l'oraison funèbre se tenait près de la croix en marbre blanc. Il s'approcha de moi. Les deux mains enfoncées dans la poche de sa veste.

Il avait une rose grosse comme la main à la boutonnière. Veloutée. Lorsqu'il fut à côté de moi, il sortit une main de sa poche. C'était un poing. Il voulut tendre ses doigts, mais ne le put pas. Il écarquilla les yeux de douleur. Se mit à pleurer en silence.

Avec les compatriotes, on ne se comprend pas en temps de guerre, dit-il. Ils n'acceptent pas les ordres.

Puis l'orateur porta une grosse pierre sur le cercueil.

Un homme corpulent vint se placer près de moi. Une tête comme un tuyau et pas de visage.

Ton père a couché avec ma femme pendant des années, dit-il. Il m'a fait chanter alors que j'étais ivre et m'a volé de l'argent.

Il s'assit sur une pierre.

Ensuite une femme décharnée toute ridée vint vers moi, elle cracha par terre en signe de dégoût.

L'assistance était de l'autre côté de la tombe. Je baissai les yeux et sursautai, car on voyait mes seins. Le froid me saisit.

Ils avaient tous les yeux rivés sur moi. Des yeux vides. Leurs pupilles brûlaient sous leurs paupières. Les hommes avaient suspendu des fusils à leur épaule et les femmes faisaient cliqueter leurs chapelets.

L'orateur tripotait sa rose. Il arracha un pétale rouge sang et le mangea.

Il me fit signe de la main. Je savais que je devais faire un discours maintenant. Tout le monde me regardait.

Pas un seul mot ne me vint à l'esprit. Mes

yeux traversèrent ma gorge jusqu'à ma tête. Je portai ma main à ma bouche et me mordis les doigts. Sur le dos de ma main on voyait leur trace. Brûlantes mes dents. De la commissure de mes lèvres du sang ruissela sur mes épaules.

Le vent avait arraché une manche de ma robe. Noire, elle flottait dans l'air, légère comme un souffle.

Un homme appuya sa canne contre une grosse pierre. Mit son fusil en joue et tira sur la manche. Lorsqu'elle tomba sous mes yeux elle était pleine de sang. L'assistance applaudit.

Mon bras était nu. Je le sentis devenir pierre au contact de l'air.

L'orateur fit un signe. Les applaudissements cessèrent.

Nous sommes fiers de notre communauté. Notre efficacité nous préserve de la décadence. Nous ne nous laissons pas insulter, dit-il. Nous ne nous laissons pas calomnier. Au nom de notre communauté allemande, tu es condamnée à mort.

Tous les fusils me visèrent. Dans ma tête une détonation assourdissante.

Je m'écroulai mais n'atteignis pas le sol. Je flottai dans l'air au-dessus de leurs têtes. Sans faire de bruit j'ouvris les portes.

La mère avait vidé toutes les pièces.

Dans la pièce où le cadavre avait reposé dans son cercueil, il y avait à présent une longue table. Un billot de boucher. Dessus, une assiette blanche vide et un vase avec un bouquet de fleurs blanches fanées.

La mère portait une robe noire transparente. Elle tenait à la main un grand couteau. La mère se plaça devant le miroir et avec le grand couteau elle coupa sa natte grise et épaisse. Des deux mains elle la porta vers la table. En plaça une extrémité dans l'assiette.

Je vais m'habiller en noir toute ma vie, dit-elle.

Elle mit le feu à un bout de la natte. Qui allait d'une extrémité de la table à l'autre. La natte brûla comme une mèche. Le feu la lécha et la dévora.

En Russie ils m'ont tondue. C'était la moindre des punitions, dit-elle. Je chancelais tellement j'avais faim. La nuit je me suis glissée dans un champ de betteraves. Le gardien avait un fusil. S'il m'avait vue, il m'aurait tuée. Le champ était silencieux. C'était la fin de l'automne et les feuilles de betterave étaient noires et recroquevillées à cause du gel.

Je ne voyais plus la mère. La natte brûlait encore. La pièce était pleine de fumée.

Ils t'ont tuée, dit la mère.

Nous ne vous voyions plus, il y avait tant de fumée dans la pièce. J'entendis ses pas juste à côté de moi. Je la cherchai à tâtons les bras tendus.

Elle ficha tout à coup ses doigts osseux dans mes cheveux. Elle me secoua la tête. Je criai.

J'ouvris les yeux. La pièce tournoyait. J'étais enfermée, allongée dans une boule de fleurs blanches fanées.

J'eus alors le sentiment que l'immeuble se renversait et se déversait dans le sol.

Le réveil sonna. C'était samedi matin, cinq heures et demie.

LE BAIN SOUABE

C'est samedi soir. Le ventre du poêle de la salle de bains rougeoie. Le vasistas est solidement fermé. La semaine passée le petit Arni, deux ans, a attrapé un rhume à cause du courant d'air froid. La mère lave le dos du petit Arni avec une culotte délavée. Le petit Arni se débat. La mère soulève le petit Arni et le sort de la baignoire. Le pauvre enfant, dit le grand-père. Des enfants si petits, on ne doit pas leur donner un bain, dit la grand-mère. La mère entre dans la baignoire. L'eau est encore très chaude. Le savon mousse. La mère racle de son cou des vermicelles gris. Les vermicelles flottent à la surface de l'eau. La baignoire a une bordure jaune. La mère sort de l'eau. L'eau est encore très chaude, crie la mère au père. Le père entre dans la baignoire. L'eau est chaude. Le savon mousse. Le père racle des vermicelles gris de sa poitrine. Les vermicelles du père flottent avec les vermicelles de la mère à la surface de l'eau. La baignoire a une bordure marron. Le père sort de la baignoire. L'eau est encore très chaude, crie le père à la grand-mère. La grand-mère entre dans la baignoire. L'eau est tiède. Le savon mousse. La grand-mère racle des vermicelles gris de ses épaules. Les vermicelles de la grand-mère nagent avec les vermicelles de la mère et du père à la surface de l'eau. L'eau est encore très chaude, crie la grand-mère au grand-père. Le grand-père entre dans la baignoire. L'eau est glacée. Le savon mousse. Le grand-père racle des vermicelles gris de ses coudes. Les vermicelles du grand-père nagent avec les vermicelles de la mère et du père et de la grand-mère à la surface de l'eau. La grand-mère ouvre la porte de la salle de bains. La grand-mère regarde dans la baignoire. La grand-mère ne voit pas le grand-père. L'eau du bain noire passe par-dessus le bord noir de la baignoire. Le grand-père doit être dans la baignoire, se dit la grand-mère. La grand-mère referme derrière elle la porte de la salle de bains. Le grand-père vide la baignoire de son eau. Les vermicelles de la mère et du père et de la grand-mère et du grand-père forment des cercles au-dessus de la bonde.

Baignée de frais, la famille souabe est assise devant l'écran de la télévision. Baignée de frais, la famille souabe attend le téléfilm du samedi soir.

MA FAMILLE

Ma mère est une femme couverte de la tête aux pieds.

Ma grand-mère est aveugle. Elle a une cataracte à un œil, un glaucome à l'autre.

Mon grand-père a une hernie scrotale.

Mon père a un autre enfant avec une autre femme. Je ne connais ni l'autre femme ni l'autre enfant. L'autre enfant est plus âgé que moi et pour cette raison les gens disent que je suis d'un autre homme.

À Noël mon père fait des cadeaux à l'autre enfant et dit à ma mère que l'autre enfant est d'un autre homme.

Le facteur m'apporte chaque année pour Noël cent lei dans une enveloppe et dit que c'est de la part du père Noël. Mais la mère dit que je ne suis pas d'un autre homme.

Les gens disent que ma grand-mère a épousé mon grand-père à cause de son champ mais qu'elle aimait un autre homme, qu'elle aurait mieux fait de l'épouser, car elle est si proche parente de mon grand-père que c'est vraiment incestueux.

Les autres disent que ma mère est d'un autre homme, que mon oncle est aussi d'un autre homme, mais pas du même autre, d'un autre.

Voilà pourquoi le grand-père d'un autre enfant est mon grand-père, et les gens disent que mon grand-père est le grand-père d'un autre enfant, mais pas du même autre enfant, d'un autre, et que mon arrière-grand-mère est morte très jeune d'un rhume, mais c'est cousu de fil blanc, c'était tout autre chose qu'une mort naturelle, c'était un suicide.

Et les autres disent qu'elle n'est pas morte de maladie, ni d'un suicide, ils disent que c'était un meurtre.

Immédiatement après sa mort mon arrière-grand-père a épousé une autre femme qui avait déjà un enfant d'un autre homme avec qui elle n'était pas mariée, alors qu'elle était mariée avec un autre homme, et après son remariage avec mon arrière-grand-père elle a eu encore un enfant dont les gens disent qu'il est d'un autre homme, mais pas de mon arrière-grand-père.

Mon arrière-grand-père allait chaque samedi de l'année dans une petite ville, une station balnéaire.

Les gens racontent que dans cette petite ville il retrouvait une autre femme.

On le voyait même en public, donnant la main à un autre enfant avec qui il parlait de surcroît une autre langue.

On ne le voyait jamais avec cette autre femme, mais elle devait, c'est ce que les gens disent, n'être rien d'autre qu'une putain de la station balnéaire, car mon arrière-grand-père ne se montrait jamais avec elle en public.

Les gens disent qu'il faut mépriser un homme qui a une autre femme en dehors du village et un autre enfant, que ce n'est pas mieux qu'un inceste, que c'est pire, que c'est même un véritable inceste, une véritable honte.

DÉPRESSIONS

Les fleurs mauves à côté des clôtures, les soucis des champs avec leur fruit vert entre les dents de lait des enfants.

Le grand-père dit que les soucis des champs rendent idiot, il ne faut pas les manger. Tu ne veux certainement pas devenir idiote.

Le scarabée qui grimpait dans mon oreille. Grand-père m'a versé de l'alcool à brûler dans l'oreille, pour que le scarabée ne grimpe pas dans ma tête. J'ai pleuré. Dans ma tête un bourdonnement, de la chaleur. Toute la cour tournait autour de moi, et grand-père, tel un géant, se dressait au beau milieu et tournait aussi.

On est obligé de le faire, a dit grand-père, sinon le scarabée va grimper dans ta tête et tu deviendras idiote. Et tu ne veux certainement pas devenir idiote. Des fleurs d'acacia dans les rues du village. Le village sous la neige avec les essaims d'abeilles dans la vallée. Je mangeais des fleurs d'acacia. Elles avaient à l'intérieur une trompe sucrée. Je la croquais et la gardais longtemps dans ma bouche. Lorsque je l'avalais, j'avais déjà la fleur suivante au bord des lèvres. Il y avait d'innombrables fleurs au village, on ne pouvait pas toutes les manger.

Les fleurs d'acacia, il ne faut pas les manger, dit grand-père, dedans il y a des petites mouches noires, et si elles se faufilent dans ta gorge, tu deviendras muette. Tu ne veux certainement pas devenir muette.

La longue allée bordée de vigne vierge, les raisins d'encre cuisent au soleil sous leur peau très fine. Je fais des pâtés, je réduis en poudre des briques pour en faire du paprika rouge, je m'écorche la peau du poignet. Ça brûle jusqu'à la moelle.

Des poupons en maïs, avec des tresses de balsamines. Les cheveux en maïs sont froids et rêches. Nous jouons au papa et à la maman dans les granges, nous sommes couchés sur la paille l'un à côté de l'autre et l'un sur l'autre. Entre nous il y a nos vêtements. Parfois nous retirons nos chaussettes et la paille nous pique les jambes. Nous remettons en cachette nos chaussettes et après nous avons de la paille sur la peau quand nous marchons.

Tous les jours nous mettons des enfants au monde, des enfants en épis de maïs dans le poulailler, des poupons sur l'échelle du poulailler. Leurs vêtements volettent quand le vent souffle à travers les planches.

On enferme les chatons dans des habits de poupée, on les attache dans le berceau qu'on balance pour les endormir. Je chante des berceuses et balance les chats jusqu'à ce qu'ils en aient le vertige. Sous les vêtements leur poil se hérisse et ils se mettent à avoir des yeux exorbités et troubles, et ensuite de la bave et du vomi caillé coulent de leur bouche.

Grand-père coupe les ficelles et les libère. Ils chancellent pendant un moment, puis leur pelage redevient lisse, mais ils continuent à avancer dans le vide, sans exister. Sans vivre, ils regardent loin dans l'été.

Les papillons s'envolent des vignes et dansent au-dessus de la cour.

Nous voulons attraper des piérides du chou dont les ailes ont de fines nervures. Nous attendons leur cri lorsque nous les embrochons sur l'épingle, mais leur corps n'a pas d'os, ils sont légers, ne savent rien faire d'autre que voler, et ce n'est pas suffisant quand l'été règne partout.

Sur l'aiguille qui les transforme en cadavres leurs ailes battent encore.

En souabe on appelle le cadavre d'une bête une charogne. Un papillon ne peut pas être une charogne. Il se décompose sans pourrir.

Des mouches dans la cuvette pour la toilette, ronronnement de ventilateur fou de celles qui se noient dans le seau de lait caillé. Des mouches à la surface de l'eau savonneuse, grise, de la cuvette.

Des yeux énormes, dards déployés transperçant l'eau, des petites pattes minces qui s'agitent.

Bientôt le dernier tremblement, la chose reste à la surface, de plus en plus légère, à force d'être morte.

Chaque papillon laisse deux gouttes de sang collées sous mes ongles. La tête arrachée à la mouche me tombe des mains comme le pollen des mauvaises herbes.

Grand-père nous laissait jouer.

On doit seulement laisser vivre les hirondelles, ce sont des animaux utiles, dit-il. Et de la piéride du chou il dit qu'elle est nuisible et des nombreux chiens morts qu'ils sont des charognes.

Des chenilles, et les papillons en ont été un jour, sortent des cocons. Des poupons, ouate sans yeux, collent aux poteaux des vignes.

Et d'où est venu le premier papillon, grand-père ? Arrête de poser des questions stupides, personne ne le sait, va donc jouer.

Nos poupons dans leurs habits propres et empesés sur les lits des chambres inhabitées.

Depuis la nuit de noces de la mère personne n'a plus jamais respiré dans ces lits.

Et ce soir-là nous étions tellement fatigués que ton père après avoir vomi dans les cabinets s'est endormi tout de suite. Cette nuit-là il ne m'a pas touchée, dit la mère, en riant, puis elle se tut.

C'était en mai, et cette année-là nous avions déjà des cerises. Le printemps avait été très précoce. Nous sommes nous aussi allés cueillir les cerises, ton père et moi. Et en cueillant les cerises nous nous sommes disputés, sur le chemin du retour nous n'avons pas échangé un mot. Ton père ne m'a pas touchée non plus dans le grand vignoble où il n'y avait âme qui vive. Il restait planté près de moi et n'arrêtait pas de cracher des noyaux de cerise gluants et mouillés, ce jour-là j'ai su qu'il me frapperait souvent. Lorsque nous fûmes de retour à la maison, les femmes du village avaient déjà cuit de pleines corbeilles de gâteaux et les hommes abattu un jeune bœuf magnifique. Les sabots gisaient sur le tas de fumier. Je les vis en franchissant le portail pour entrer dans la cour. J'allai pleurer au grenier pour que personne ne voie, pour que personne ne sache que je n'étais pas une fiancée heureuse. À ce moment-là j'ai eu envie de dire que je ne voulais pas me marier, mais j'avais vu le bœuf déjà abattu, et grand-père m'aurait tuée.

Une toux secoue la tête de la mère. Son cou en devient tout ridé. Il est court et épais. Il a pourtant dû être beau, un jour avant que j'existe.

Depuis que j'existe, les seins de la mère sont flasques, depuis que j'existe les jambes de la mère sont malades, depuis que j'existe, le ventre de la mère pend, depuis que j'existe la mère a des hémorroïdes et gémit de douleur sur les toilettes.

Depuis que j'existe la mère dit que je dois lui être reconnaissante d'être son enfant et se met à pleurer et à se gratter avec les ongles d'une main les ongles de l'autre main. Ses doigts sont crevassés et durs.

Ils sont lisses seulement quand elle compte l'argent, lisses et agiles comme des araignées qui tissent leurs fils.

La mère conserve l'argent dans sa chambre à coucher, dans le tuyau du poêle en faïence. Le père lui demande toujours de l'argent quand il veut acheter quelque chose. Tous les jours il veut acheter quelque chose, tous les jours il demande de l'argent, car chaque chose coûte de l'argent. Et chaque soir la mère lui demande ce qu'il a fait avec l'argent, ce qu'il a ENCORE FAIT AVEC TOUT CET ARGENT.

Quand la mère va chercher de l'argent, elle ne relève pas les volets roulants des fenêtres. Elle allume en plein jour la lumière dans la chambre et le lustre aux cinq bras éclaire faiblement avec son unique ampoule. Ses quatre autres bras sont aveugles.

La mère compte l'argent à haute voix pour mieux sentir les billets dans ses mains. Elle compte toujours des billets de cent lei et se crache de temps en temps sur le bout des doigts.

Ses mains sont crevassées et en été vertes comme les plantes dans le jardin.

Les soirs de printemps la mère revient de sarcler les chardons et dans sa poche elle me rapporte de l'oseille, et en été un tournesol gigantesque.

Je m'assieds dans la cour et je mange les graines de tournesol avec les poules. En même temps je pense au conte dans lequel la jeune fille commence toujours par donner à manger à ses animaux et ne mange qu'après. Plus tard la jeune fille devint une princesse aimée et aidée par tous les animaux. Et un jour un fils de roi, beau et blond, la prit pour femme. Ils furent le couple le plus heureux du monde.

Les poules avaient picoré toutes les graines et, têtes penchées, elles regardaient le soleil. Le tournesol était vide. Je le brisai. À l'intérieur il y avait une moelle blanche, spongieuse, qui démangeait les mains.

Si une abeille, en volant, pénètre dans ta bouche, tu meurs. Elle te pique le palais. Le palais enfle tellement que tu t'étouffes avec, disait grand-père.

En cueillant des fleurs je veillais constamment à ne pas ouvrir la bouche. Seulement, j'avais parfois envie de chanter. Je serrais les dents et j'écrasais le chant. De mes lèvres sortait un bourdonnement et je regardais autour de moi si ce bourdonnement n'attirait pas une abeille près de moi. Il n'y en avait aucune alentour.

Je voulais qu'il en vienne une. Je continuerais à bourdonner et lui montrerais qu'elle ne peut pas entrer dans ma bouche.

Deux nattes raides dressées de chaque côté de la tête. Deux rubans tressés dedans.

Des balsamines arrachées jusqu'à la racine, blanches, avec des nervures rougeâtres, cassantes, rouge foncé émergeant de leurs extrémités.

On les dépiaute jusqu'à ce qu'elles deviennent aussi fines que des cheveux. Ma belle poupée en maïs, mon enfant sage et muet, sans cou, sans bras, sans jambes, sans mains, sans visage.

Je joue avec ses cheveux partagés par une raie.

J'arrache deux grains de maïs de l'épi, deux orbites comme un regard absent. J'arrache trois grains les uns à côté des autres et trois les uns en dessous des autres. Je regarde la bouche figée et le nez qui a été picoré.

Une poupée au visage replet. Lorsqu'elle tombe à terre, lorsqu'elle se dessèche, les grains continuent de tomber de son corps et elle va alors avoir un trou dans le ventre ou trois yeux, ou une grande cicatrice sur le nez ou sur la joue, ou les lèvres pincées. Elle aura de nombreux frères et sœurs. Je serai de temps en temps sa sœur.

Les herbes à poupées dans les champs prolifèrent jusque dans le village. À sa lisière, je retourne les calices verts sens dessus dessous pour qu'ils ne recouvrent pas le village et ne l'envahissent pas à l'insu de ses habitants.

Je sors du village et quelque part au milieu de

l'herbe je dis, voici la lisière. Le champ n'est pas le village, c'est quelque chose d'autre. La lisière n'est pas une ligne, mais elle existe et est constituée de nombreuses plantes de couleur verte.

Les tiges des graminées sont si filandreuses qu'elles en deviennent transparentes. Lorsqu'on regarde à travers, on voit la fragilité de l'été.

Depuis les champs on voit le village paître comme un troupeau de maisons au milieu des collines. Il semble tout près, mais quand on s'approche, on ne l'atteint pas. Les distances m'ont toujours été impénétrables. J'étais toujours au bout des chemins qui se déroulaient devant moi. Rien que de la poussière sur le visage. Et nulle part la fin.

À la sortie du village on rencontre les corneilles qui de temps à autre picorent dans le vide.

Plus loin dans la vallée, dans la poudre grise d'un sentier à travers champ il y a des cynorhodons, ils ont un coup de soleil sur leurs crânes rouges. Et à côté les prunelles restent bleues et froides. Leurs feuilles sont souillées par les crottes crayeuses des passereaux.

Ils chantent toujours le même chant. Lorsqu'ils se sont envolés, leur chant se tait, et il ne reste partout que les mêmes crottes crayeuses. Au village on n'entend pas les passereaux, ils ne s'approchent pas des maisons, il y a trop de chats, plus que dans tous les environs. Et il y a autant de chiens que de chats au village. Les chiens traînent leurs ventres dans l'herbe et sèment goutte à goutte dans les chemins leur pisse chaude comme leur corps. Ils sont cachés sous leur pelage dru.

Quand ils courent, leurs petites têtes pointues tremblent, et ils font rouler leurs yeux d'oiseaux aqueux et inexpressifs. Il y a toujours la peur dans ces yeux de chien, dans ces crânes de chien. Des coups de pied, les chiens en reçoivent aussi bien des hommes que des femmes. Cependant les femmes, à cause de leurs souliers, ne donnent pas de coups de pied aussi durs.

Les hommes portent des souliers montants et solides. Leurs pieds sont enfermés dedans jusqu'à la cheville et au-dessus de la languette il y a des lacets rêches et épais.

Ces coups de pied tuent les chiens instantanément et ensuite ils restent pendant des jours entiers recroquevillés ou étendus et rigides au bord de la route. Ils puent sous un nuage de mouches.

Les feuilles ratatinées volent dans l'air comme des champignons invisibles.

Et quand les arbres fruitiers tombent malades, les hommes disent au village que ce maudit champignon de la forêt est revenu. Ils mélangent leurs produits à vaporiser verts et toxiques qui forment des petites bulles sur les feuilles et brûlent la nervure. Les feuilles sèchent et se criblent de trous comme des passoires. Et sur les bords abîmés les araignées tissent les filets blancs de leur salive.

La boue a pris la couleur verte des algues.

Des mouches bourdonnent sur le plumage gras des oies.

Lorsque la pluie qui en été fait pourrir le bois détrempe la terre, on voit la profondeur des chemins et l'humidité du sol.

Les vaches franchissent alors le portail avec des sabots de boue informes. On sent l'odeur de l'herbe dans leurs ventres. Les boules d'herbe qui après la première rumination leur remontent dans la gorge me font mal dans la poitrine. Elles remâchent l'air absent, et leurs yeux sont ivres de tant de pâturages. Chaque soir elles reviennent au village avec ces yeux ivres.

Un jour notre vache me chargea sur ses cornes et sauta avec moi par-dessus le fossé. Elle me laissa choir dans une grande ornière défoncée et s'en alla en m'enjambant. Son pis maculé de bouse semblait sur le point de se déchirer.

Je la suivis des yeux. Derrière elle je sentis le souffle brûlant de l'air pendant un moment. Sous les égratignures de mes genoux la chair brûlait et j'eus peur qu'une si grande douleur fût signe que je n'étais plus en vie, en même temps je savais que j'étais en vie parce que la douleur était si vive. J'avais peur que la mort se faufile en moi par mon genou déchiré et je couvris rapidement la blessure de mes mains.

Et parce que j'étais encore en vie survint la haine.

Je voulus transpercer de mes yeux son gros ventre poilu, fouiller de mes mains dans ses entrailles, enfoncer mes bras jusqu'au coude sous sa peau.

L'herbe de la cigogne conservait encore la pluie de la veille dans la nervure râpeuse de sa feuille. Je me lavai avec son eau brune, le soir j'avais réellement les joues rouges et je me vis dans le miroir devenir de plus en plus belle.

Lorsque, remplie de haine, je conduisis la vache dans la vallée, je cherchai le buisson d'herbes de la cigogne le plus haut. Près de lui, je me dévêtis, et nue je lavai mon corps tout entier, pendant que la vache plongeait sa tête carrée dans l'herbe, le rempart de son derrière osseux contre moi. Elle s'était tournée vers moi et faisait de gros yeux, insupportables. Son regard me donna la chair de poule. Le buisson d'herbe de la cigogne frissonnait lui aussi, et il devint de plus en plus haut et de plus en plus rêche. J'enfilai alors prestement mes habits.

Lorsque ma peau fut sèche, elle se tendit, elle prit un peu l'aspect du verre. Mon corps tout entier me dit que j'embellissais et je m'avançai avec précaution pour ne pas me briser. Sur mon passage les brins d'herbe, souples, s'ouvrirent en éventail, et je craignis qu'ils me déchiquettent.

Ma démarche avait quelque chose des draps

amidonnés de grand-mère. Lorsque la première nuit je dormais dedans, ils crissaient au moindre de mes mouvements, et je croyais que c'était ma peau.

Quelquefois allongée et parfaitement immobile, j'entendais malgré tout leur crissement. J'avais peur que se trouve dans la chambre l'homme grand et décharné qui avait acheté une maison à la lisière du village, dont personne ne savait d'où il venait, mais dont tout le monde savait qu'il n'avait pas besoin de travailler, car il avait vendu au musée un squelette gigantesque et recevait pour cela chaque mois de l'argent.

Cet homme passait des nuits entières près de moi dans la chambre. Je le voyais continuellement derrière le rideau, sous le lit, derrière l'armoire, dans le poêle en faïence.

Quand la nuit la peur avait chassé le sommeil, lorsque je me levais pour fouiller les meubles à tâtons dans l'obscurité et ne le trouvais pas, je savais qu'il était là quand même.

Le matin il n'y avait plus que la poussière des papillons de nuit bruns qui le soir s'étaient heurtés à l'abat-jour de la lampe, accrochée au plafond de la pièce.

Je les saisissais. Mes doigts étaient poussiéreux et bruns, et à l'endroit où je les avais touchés, leurs ailes devenaient transparentes. Lorsque je libérais les papillons ils voletaient encore un moment sous mon genou. Ils ne pouvaient pas aller plus haut, je

les écrasais avec mon soulier, je voulais les déli-
vrer. Leur ventre velouté éclatait et un lait blanc
éclaboussait le plancher. Alors la nausée montait
en moi depuis mes souliers et resserrait ses filets
autour de ma gorge, ses mains étaient décharnées
et froides comme les mains des vieillards que je
voyais allongés dans des lits munis de couvercles
devant lesquels on priait, assis en silence.

Le menton des vieilles femmes tremblotait au-
dessus du nœud raide de leur fichu. Je voyais des
mucosités sur leurs cils mouillés et peu fournis
et je ne comprenais pas le sens de leurs larmes.

De ces lits, ma grand-mère disait que c'étaient
des cercueils, et de ceux qui étaient couchés
dedans elle disait qu'ils étaient morts. En le disant
elle croyait que je ne comprendrais pas le mot. Je
le comprenais sans l'avoir jamais entendu. Je le
portais avec moi à longueur de journée, je voyais
un cadavre dans chaque morceau de poulet de la
soupe, et grand-mère ne m'emmena plus jamais
avec elle voir les morts.

Mais lorsque l'après-midi en semaine on
entendait de la musique au village, je savais que
quelqu'un venait encore de mourir.

Je ne comprenais pas pourquoi on mourait toujours entre les quatre murs de sa maison, pourquoi on ne pouvait pas voir la mort s'accomplir,
ou pourquoi on la voyait seulement après, quand
tout était accompli, bien qu'on ait passé toute sa
vie à côté.

Un jour un homme était mort en plein champ. La foudre l'avait abattu. C'était le premier mari de cette femme qui ensuite épousa son beau-frère, qui mourut d'une maladie pulmonaire, qui ensuite resta toute seule pendant des années, car elle ne se remaria pas, et plus tard lorsque son fils fut adulte, son fils qui ressemblait au chiffonnier qui passait au village en été, personne d'autre au village n'avait comme lui une mèche de cheveux gris sur la tempe, lorsque son fils fut adulte donc, elle épousa un homme du village voisin qui est toujours en vie et dut porter lui-même son fils sur les fonts baptismaux parce que personne ne voulait être le parrain, car chacun croyait que la mort viendrait le prendre s'il venait à être en contact avec l'enfant de cette femme.

Plus tard quand je vins en ville, je vis mourir dans la rue, avant que ce soit la fin.

Là on tombait sur l'asphalte, gémissait, tressaillait, on n'avait pas de proches. Alors survenaient des gens qui vous enlevaient vos bagues et vos montres-bracelets avant que les mains soient tout à fait raidies, ils arrachaient aux femmes leurs chaînes en or et leurs boucles d'oreilles. Les lobes de leurs oreilles se déchiraient mais ne tardaient pas à s'arrêter de saigner.

Un jour je suis restée seule avec un mort inconnu. Et après l'avoir contemplé bien trop longtemps, je montai en pleurant dans le premier tramway venu qui m'emmena dans une partie de la ville que je ne connaissais pas. Au terminus le contrôleur me dit de descendre près d'un arbre.

Sur le chemin du retour toutes les rues étaient barricadées par des murs épais.

Je levai les yeux vers les immeubles comme depuis le fond d'un ravin et me dis en moi-même que les gens chez moi ne gisaient pas sur la chaussée, mais dans des lits munis de couvercles devant lesquels on reste assis à prier.

Et on les garde encore longtemps à la maison, les morts. C'est seulement quand la pourriture commence à verdir les ourlets de leurs oreilles qu'on arrête de pleurer et qu'on les porte hors du village.

Et on dit que le dernier trépassé garde le cimetière jusqu'à la mort du suivant.

Des souriceaux piaillant dans leur nid ressemblent à une poignée de cheveux de maïs. Les yeux de chaque souris nue sont collés, des petites pattes maigres, comme un fil mouillé, des pattes tordues.

La poussière dégouline doucement à travers le plancher de bois.

On en a les mains toutes crayeuses, la poussière se dépose sur la peau du visage, on a l'impression qu'elle se dessèche.

Des paniers en saule, tressés, avec deux poignées qui cisaillent la paume de la main. Il y pousse des cals et des ampoules, chauds et durs, dans lesquels la douleur martèle.

Les vieilles souris sont grises et replètes comme si toute leur vie elles n'avaient fait qu'être caressées. Elles vont et viennent sans bruit et traînent après elles des cordons longs et ronds. Et je me dis que leur tête est si petite qu'au travers de leur crâne elles doivent voir le monde pointu, étroit, plat.

Regarde tous les dégâts qu'elles font, dit la mère, toute la balle en bas, c'était du maïs, elles l'ont complètement dévorée.

Sous un épi de maïs un naseau fouine, puis deux yeux tressaillent.

La mère a déjà l'épi de maïs en main. Le coup atteint le crâne. Sifflement, un filet de sang dégouline du naseau. Tellement peu de vie que le sang est pâle lui aussi.

Le matou s'approche, fait rouler la souris morte tantôt sur le dos tantôt sur le ventre jusqu'à ce qu'elle ne bouge plus du tout.

Avec ennui le matou croque la tête. Craquement de sa mâchoire. On voit parfois ses dents quand il mâche. Il s'éloigne en faisant claquer sa langue. Le ventre de la souris gît là, gris et mou comme le sommeil.

Il est repu, dit la mère, c'est la quatrième que je lui ai attrapée aujourd'hui. Il n'en attrape plus aucune lui-même. Elles se faufilent entre ses pattes, et lui, il dort.

On remplit des corbeilles de maïs. La grange devient de plus en plus grande. C'est quand elle sera complètement vide qu'elle sera le plus grande.

Les épis de maïs roulent tout seuls dans mes mains et tombent tout seuls dans la corbeille.

La paume de la main me fait mal seulement quand elle est vide. Quand le maïs frotte contre elle, je ne sens pas la douleur, elle est si forte, si puissante qu'elle se tue elle-même. Ça gratte, et ensuite le dessus de la main et les doigts n'existent plus.

Je prends les épis de dessous. Je construis un corridor pour que les souris s'enfuient. En le faisant la peur forme un gros nœud dans ma gorge, noue ma respiration.

Deux souris grimpent le long des lattes de la paroi. La mère donne deux coups et elles tombent.

Le matou croque deux têtes. Ses dents grincent.

On est en octobre et la kermesse a lieu en octobre.

Le gamin des voisins a fait un carton pour moi au stand de tir.

Sur une plaque en fer-blanc une poule, un chat, un tigre, un nain et une fille étaient dessinés. Le nain avait une barbe et ressemblait au père Noël.

L'homme du stand de tir était manchot. Il a pris l'argent que je lui tendais, debout sur la pointe des pieds. A chargé un fusil en s'aidant de la main et du genou. L'a tendu à mon chasseur.

Qui a épaulé. Sur quoi dois-je tirer? a-t-il demandé. J'examinai ce qui était sur la plaque.

La fille, dis-je, tire sur la fille.

Il ferma les yeux si fort que son visage tout entier n'eut plus qu'un seul côté, il devint aussi sévère que le visage d'un vrai chasseur.

Il appuya et la plaque en fer-blanc se renversa. Se balança un moment, puis s'immobilisa. La fille était suspendue la tête en bas. Elle faisait la chandelle.

Touché, dit l'homme du stand de tir. Choisissez quelque chose de joli.

Accrochés à une cordelette des lunettes de soleil, des colliers, des poupées dans des habits raides en caoutchouc et des portefeuilles avec des photos de femmes nues sur le rabat extérieur.

Sur la table il y avait des figurines à ressort et des souris. Une souris avait l'air particulièrement pataud. Je la pris.

Elle était gris foncé, avait une tête carrée, des oreilles pointues, une queue en cuir et une bobine sous le ventre avec un long fil blanc. Au bout du fil un anneau en métal brillant.

Je plaçai la souris sur la paume lisse de ma

main et glissai le bout de mon doigt dans l'anneau. Puis je retirai la main.

La souris tomba par terre en ronronnant et décrivit un grand arc de cercle. Je la suivis des yeux.

Dans sa course elle faisait entendre des claquements.

Lorsqu'elle se fut arrêtée, j'eus plusieurs brefs accès de rire.

Je rembobinai le fil, plaçai à nouveau la souris sur la paume de ma main et j'enfilai les doigts dans l'anneau. Puis je retirai ma main.

La souris tomba en ronronnant sur le sol, décrivit un grand cercle, dans sa course elle faisait entendre des claquements et je ris de nouveau.

Jusqu'à une heure avancée de la soirée, lorsque les lampes s'allumèrent au village, je ris.

Il y avait de la musique. Les couples s'avançaient vers le maître de danse. Les enfants suivaient le cortège sur la route en sautillant. On ne les voyait pas dans la poussière qui s'élevait en tournoyant. Je les entendais faire du bruit. Dans les coins, ils faisaient des rondes, plusieurs tours, puis ils repartaient en sautillant.

Je tenais ma souris dans la main et je rentrai à la maison en marchant sur le trottoir. Cette nuit-là, la souris la passa sur le rebord de la fenêtre près de mon lit.

La vallée où poussent les pommes acides qui ne sont pas encore mûres à la fin de l'automne. Leurs longues branches sont souples comme le vent.

Lorsqu'il y a de la gelée blanche, les premières taches transparentes apparaissent sur leurs visages verts et leur peau exhale le parfum des hautes herbes coupantes, on sent comme la vallée est profonde.

Ce sont ces pommes que je mangeais l'hiver.

La mère en mettait un plat dans le four chaud du poêle. Lorsqu'on les sortait, lorsqu'elles étaient depuis longtemps déjà sur la table, elles continuaient à cuire et un jus collant dégoulinait du plat.

Nous étions tous assis autour de la table. Chacun occupé à manger. Dans la pièce on n'entendait que le tic-tac de la pendule, le claquement de nos dents et le feu dans le poêle. Les pommes collaient au fond du plat, et quand on les prenait, des filaments de sucre se déposaient sur la main et ils se brisaient seulement quand on mangeait la pomme.

Je pouvais manger cinq pommes d'un coup. Ensuite j'avais mal au ventre. Mais elles exhalaient leur parfum vers mon visage, et quand je les tenais dans ma main, je sentais en touchant leur peau qu'elles étaient devenues dociles, de vraies pommes domestiques.

Le père mangeait toujours davantage de

pommes que moi. Il les mangeait avec leur tro-
gnon et il n'avait jamais mal au ventre.

Et lorsqu'il avait fini de manger, il crachait les
pépins dans sa main poilue et mordillait leur
queue longue et brune jusqu'à ce qu'une de ses
extrémités ressemble à un plumeau.

C'est seulement après qu'il jetait pépins et
queue effilochée dans le feu.

Il neigeait dans la vallée. Des monceaux de
neige étaient tombés, et en une nuit tout avait
disparu alentour.

Les voitures qui quittaient le village sortaient
des chemins. De grandes corneilles brillantes
creusaient pour déblayer la neige de leurs nids.
Les arbres, transparents et nus, gelaient en s'éle-
vant vers le ciel.

Les nuages se pelotonnaient à cause du gel.
Les cris stridents des oies des neiges déchiraient
les tympans et à peine avaient-elles pris le village
sous leurs ailes qu'il recommençait à neiger.

Et le facteur qui arrivait vers midi au village
était devenu aveugle, car le chemin s'enfonçait
constamment dans la neige. Et son visage scintillait. Lorsque j'ouvris le journal il tomba de la
neige d'entre ses pages et je vis que les flocons
étaient des étoiles plus grosses et plus blanches
que ceux qui tombaient au village.

Le grand col mou du manteau du facteur était
un marécage brun enneigé.

La neige était tombée dans sa casquette, dans

les poches de son manteau, dans ses bottes, dans son grand sac postal.

Un matin, le jour n'était que péniblement parvenu à se glisser hors de la neige, dans le vent vide. Aucun journal n'était arrivé. Le train s'était étouffé dans la neige et les journaux étaient dans le train.

Ce jour-là le facteur n'apporta que de la neige d'un village à l'autre.

Devant la poste il vida ses bottes, sa casquette, ses poches de manteau, son grand sac postal, enleva la neige du col de son manteau.

La neige qu'il avait apportée avec lui aurait suffi à construire un facteur de neige.

La nuit il gela. Dans les granges des yeux de chat brillants attisaient le feu. La neige tombait sur des chiens errants.

J'entendis le cochon. Il poussait des soupirs.

Sa résistance était si faible que les chaînes étaient superflues.

J'étais couchée dans mon lit. Je sentais le couteau sur ma gorge.

L'entaille se fit de plus en plus profonde, ma chair devint brûlante, ma gorge s'enflamma.

L'entaille devint bien plus grande que moi, s'étendit à tout le lit, brûla sous la couverture, emplit la chambre de ses soupirs.

Les entrailles arrachées roulèrent sur le tapis et elles sentaient le maïs à demi digéré.

Un estomac rempli de maïs était accroché au-dessus de mon lit à un intestin qui tressaillait.

Lorsque l'intestin fut sur le point d'éclater, j'allumai la lumière.

J'essuyai la sueur sur mon front du revers de la main.

Je m'habillai. Mes mains tremblaient en boutonnant mes vêtements. Mes manches, mes jambes de pantalon étaient comme un sac. Tous mes vêtements étaient comme un sac. Toute ma chambre était comme un sac. Moi aussi j'étais comme un sac.

J'allai dans la cour, je vis le grand corps suspendu à une poutre. Juste au-dessus de la neige un naseau sanguinolent, rond comme une coquille. Un gros ventre blanc, un grand mammifère en train de mastiquer.

Des traces de sang sur la neige. Blanche-Neige avait la peau blanche comme la neige et les joues rouges comme le sang. La neige éclaboussée de sang, neige et sang par-delà les sept montagnes.

Des enfants écoutent le conte et s'attrapent par la joue lisse comme du velours.

Le froid grignote les pignons des maisons avec son sel.

À plusieurs endroits les inscriptions s'effritent. Les lettres et les chiffres tombent au cours des saisons. Les femmes sont empêtrées dans les plis sombres de leurs jupes, elles vont et viennent, muettes, entre leurs quatre murs et dans leur dos les portes des pièces s'entrouvrent en grinçant.

À midi elles rompent leur silence en appelant à grands cris les poules qui, le plumage en bataille, attirées par les grains de maïs d'un jaune brillant, volettent dans la cour, agitent leur plumes alentour et apportent le vent des rues.

Les enfants rentrent de l'école en criant. Les grands fourrent de la neige dans le cou des petits et les frappent dans le dos à coups de cartable, leur arrachent leurs bonnets et leur mettent la tête dans la neige.

Et quand leurs visages sont bleuis de froid et de peur, ils pleurent et courent à la maison, leurs habits déchirés.

Les hommes emmitouflés qui sortent de l'auberge sous leurs bonnets de fourrure mangés par les mites passent devant eux la tête vide et parlent tout seuls. Leurs lèvres et leurs paupières sont violettes, et ils ressemblent aux bons-hommes de neige qui émergent du brouillard au coin des rues et dont le gros ventre suffirait à entourer le village tout entier.

Au printemps quand le soleil lèche et fait mousser leurs corps durs, les extrémités des herbes verdissent sous leurs ventres et dans les caves on pose des poutres sur lesquelles les hommes, semblables à de grands oiseaux des marais, s'approchent des tonneaux de vin comme sur des échasses. Et quand le vin glougloute dans leur gorge, l'eau glougloute aussi dans leurs souliers.

Cette eau est jaune et dure, et quand on s'en sert pour la lessive, elle ne mousse pas, mais forme des grumeaux et le linge reste gris et rêche.

Les femmes, maigres, hantent les rues vêtues de leurs longs tabliers.

Par les matinées vides, elles se rendent à l'épicerie, parées des cols plissés de leurs corsages et du carton dur de leurs fichus qui pointus trônent sur leurs cheveux, achètent de la levure ou une boîte d'allumettes.

Et la pâte qu'elles pétrissent gonfle, rampe, folle et ivre de levure, dans toute la maison.

Les vieilles femmes aspirent bruyamment au petit déjeuner la peau épaisse du lait et mâchent du pain au sucre trempé et dans le coin de leurs yeux elles ont encore les mucosités de la nuit. Et à midi elles prennent des forces en mâchant des nouilles rondes et blanches.

Les après-midi d'hiver elles restent assises près de la fenêtre et se tricotent elles-mêmes dans leurs chaussettes en laine rêche qui s'allongent de plus en plus, deviennent aussi longues que l'hiver lui-même, ont des talons et des doigts comme si elles pouvaient marcher toutes seules.

Et les nez au-dessus des aiguilles à tricoter

s'allongent et brillent comme de la viande cuite. Les gouttes restent un bref instant accrochées, scintillantes, et tombent ensuite sur les tabliers et disparaissent.

Aux murs leurs photos de mariage. Elles portent de lourdes couronnes sur leur corsage plat et leurs cheveux. Elles ont de jolies mains fines posées sur leur ventre et de jeunes visages tristes. Et sur les photos voisines, elles ont des enfants à la main, des poitrines rondes sous leurs corsages et derrière elles sur une charrette une pyramide de foin.

Pendant qu'elles tricotent, il leur pousse des poils au menton qui deviennent de plus en plus pâles et gris, et parfois un fil se perd dans la chaussette.

Leurs moustaches poussent avec l'âge, des poils sortent de leurs narines et de leurs verrues. Elles sont poilues et n'ont plus de poitrine. Et quand elles en ont fini de vieillir, elles ressemblent aux hommes et se décident à mourir.

Dehors la neige scintille. Le long des chemins les chiens ont pissé des flaques jaunes dans la neige.

À la lisière du village les maisons sont si basses, si plates qu'on ne voit pas exactement où elles s'arrêtent. Le village rampe jusqu'à la vallée par-dessus les potirons couverts de verrues qui gisent oubliés dans les champs.

Lorsque la nuit tombe, les enfants traversent

le village en portant leurs lumignons de potiron,
ivres et effrayants.

Le potiron est évidé de sa chair. Dans la
croûte on découpe deux yeux, un nez triangu-
laire et une bouche.

À l'intérieur on place une bougie. La flamme
brille à travers les trous des yeux, du nez et de la
bouche.

Les enfants balancent des têtes coupées dans
l'obscurité.

Les adultes passent.

Les femmes resserrent leurs châles sur leurs
épaules et leurs doigts restent accrochés dans les
franges. Les hommes mettent sur leur visage les
manches larges de leur manteau.

Le paysage se dissout dans le crépuscule.

Les fenêtres de notre maison brillent comme
la lumière dans le potiron.

Le médecin habite loin. Il a un vélo sans
lumière et s'attache une lampe de poche à la
boutonnière de son manteau. Je ne distingue
pas le médecin de son vélo.

Le médecin arrive bien trop tard. Le père a
vomi son foie. Là-bas dans le seau, il pue
comme de la terre pourrie.

La mère flotte devant lui, avec des yeux déme-
surément grands, et l'évente avec son grand
tablier, et pleure.

Dans la tête évidée du père la bougie A FINI
DE FAIRE LA FOLLE.

À la lisière du village il y a un dépotoir. Des casseroles hors d'usage, cabossées, sans fond, des seaux rouillés, des fourneaux sans pieds aux plaques cassées, des tuyaux de poêle troués. De l'herbe aux fleurs d'un jaune lumineux sort d'une cuvette sans fond.

Le ver grignote la chair amère des prunelles et fait sortir des fruits un jus incolore à travers leur peau de prunelle bleutée.

À l'intérieur du fourré les feuilles sont en train d'étouffer. Les branches se terminent par de longues épines pointues et se tordent à la recherche de la lumière.

Dans la vallée il y a un solide pont métallique sur lequel le train roule dans cette même plaine, mais vers un autre patelin qui ressemble tout à fait à notre village. Sous le pont il y a de la neige en hiver et en été de l'ombre. Dessous il n'y a jamais d'eau. La rivière ne se soucie pas du pont, elle passe à côté de lui. En été les moutons se rassemblent là les jours de canicule. Les orties fouettent leurs ombres jusque dans le village. Avec leur feu elles rampent dans les mains et laissent des morsures rouges et enflées qui font mal.

Les canards plongent dans la vase chaude de l'étang. Ils ressortent à la surface de l'autre côté blancs et secs comme s'ils n'étaient allés nulle part. Ils sont gras, ont des ailes atrophiées, et

leur cervelle chichement irriguée a depuis longtemps oublié qu'ils sont des oiseaux.

Les femmes utilisent leurs ailes pour balayer
la farine et les miettes de pain sur la table.

De leurs becs dégoutte de la vase qui retombe
dans l'étang et provoque un frémissement dans
l'eau qui se propage loin.

En été les femmes arrachent le duvet blanc de
leur ventre. Tout un été ils se pavanent, effi-
lochés, sur l'herbe en traînant leurs ailes derrière
eux, et les haussent comme si elles étaient des
épaules, et pataugent dans les sillons étroits
laissés par des vers de terre et grignotent les
cuisses étirées des grenouilles en plein saut.

Et quand vient l'automne on les égorge.

Au-dessous du cou, sur une surface de la taille
du pouce, on arrache les plumes. L'artère principale devient visible et la peur la fait enfler,
gonfler, bleuir. Grand-mère se place avec ses
pantoufles sur les ailes. La tête du canard est
maintenue en arrière, le couteau pénètre dans la
plus grosse artère et les lèvres de la coupure
s'écartent, s'ouvrent de plus en plus. Le sang
tombe goutte à goutte, ruisselle dans un réci-
pient blanc. Il est chaud et à l'air il devient noir.

Grand-mère avec ses pantoufles debout sur
les ailes, courbée, la tête ailleurs, suit des yeux
une mouche, elle met sa main libre sur son dos
et se plaint d'un lumbago.

Le sang a fini de couler.

Grand-mère retire ses pieds des ailes. La mort est là, les plumes blanches appartiennent de nouveau à un oiseau. Maintenant il va voler. L'ÉTÉ EST AU ZÉNITH.

Il disparaît dans le seau d'eau bouillante. Grand-mère le sort en le tirant par les pattes. Maintenant les plumes sont mouillées et clairsemées. Grand-mère a plongé un oiseau dans l'eau et en retire une chaussette de laine râpée, avec une tête qui ne veut plus fermer les yeux. Elle arrache les plumes des pores de la peau jaune et les jette dans l'eau. Elles tombent au fond. Quelques-unes surnagent le long des parois du seau, décrivent des cercles comme si elles cherchaient quelque chose.

Grand-mère découpe un couvercle dans la poitrine. Elle le soulève. Ça sent le chaud et les grenouilles à demi digérées, la vase verte de l'étang.

Demain, c'est dimanche et quand midi sonnera j'aurai un cœur et une aile dans mon assiette. BON DIMANCHE ET BON APPÉTIT.

Derrière les granges les serpents se lovent dans le lait des boutons d'or et dans les cheveux des chardons. Parfois feuilles et tiges bougent toutes seules. Il n'y a personne. Pas même le vent.

On regarde au-delà.

La nuit le rêve traverse la cour et vient jusqu'au lit.

Là-bas la meule se dresse avec sa paille pourrie par la pluie qui ressemble à de la boue. De longs serpents noirs s'enfouissent à l'intérieur. Dedans la paille est sèche et jaune comme les fleurs des mauvaises herbes. Les serpents sont froids et mouillés.

La cour disparaît, les jardins disparaissent, toute la maison disparaît dans la paille. On ne voit plus aucune fenêtre, aucune clôture, aucun arbre, aucun toit. La mère sort dans la rue avec son balai. Et au moment où elle se met à balayer, un serpent grimpe le long du manche. Elle jette le balai et s'en va dans la rue en pleurant et elle appelle à l'aide. Les fenêtres restent fermées, les volets restent fermés. On ne voit plus âme qui vive dans tout le village.

MÈRE, ON VOIT QUE TU ES TOUTE SEULE.

Je suis trempée, dans mon cou et sur mon front mes cheveux sont mouillés et en désordre. Grand-mère dit que j'ai crié en rêvant.

Les serpents retournent dans les boutons d'or en rampant.

Et ensuite c'est grand-mère qui un jour me ramène les serpents. Ils sortent du col de son corsage, de ses cordes vocales, de ses propos qui commencent comme toujours par «autrefois».

Elle mélange le sel à la pâte dans laquelle ses bras s'enfoncent jusqu'aux coudes. Je rajoute de l'eau. GRAND-MÈRE TU AS DES MAINS SI DURES.

Autrefois il y avait beaucoup de serpents au village. Ils rampaient de la forêt aux champs en passant par la rivière, des champs aux jardins, des jardins aux cours, des cours aux maisons. Là, ils se lovaient la journée derrière l'escalier du grenier et la nuit ils buvaient le lait frais dans les seaux. Les femmes emmenaient les enfants avec elles pour travailler à la ferme ou au jardin. Elles les mettaient dans des corbeilles en osier entre des couvertures et plaçaient les corbeilles à l'ombre des arbres. Elles désherbaient les plates-bandes. Elles soufflaient, piochaient, transpiraient.

Elle habitait à la lisière du village. Elle était au jardin et avait placé son enfant dans une corbeille en osier sous un arbre. À côté de la corbeille se trouvait un biberon de lait. Elle binait des pommes de terre, regardait le soleil, sentait la sueur, elle posa la pioche et alla vers l'arbre.

Elle souleva l'enfant, éclata en sanglots, hurla et pendant qu'elle chancelait dans l'herbe, le long serpent sortit paresseusement de la corbeille et en quelques secondes les cheveux devinrent gris sur la tête de la femme.

La pioche resta dans le jardin et sous l'arbre la corbeille en osier. Le serpent avait tété le biberon jusqu'à la dernière goutte.

Les cheveux de la femme restèrent gris, et les gens du village eurent enfin la preuve qu'elle était une sorcière.

Ils ne parlèrent plus que de sorcellerie et la laissèrent toute seule. Ils évitèrent de croiser son chemin et l'insultèrent parce qu'elle coiffait ses cheveux autrement, parce qu'elle nouait son fichu autrement, parce qu'elle peignait ses portes et ses fenêtres autrement que les gens du village, parce qu'elle portait d'autres vêtements et avait d'autres jours de repos, parce qu'elle ne balayait jamais le pavé de la rue, et quand on tuait le cochon buvait autant qu'un homme, était ivre le soir et au lieu de faire la vaisselle et de saler le lard, dansait toute seule avec son balai.

Et après qu'au printemps son mari fut devenu pâle et transparent, on le trouva un matin raide et froid dans son lit.

Elle dut l'enterrer derrière le cimetière dans les roseaux, là où l'eau gargouillait quand on marchait.

Cet été-là les roseaux furent plus hauts et touffus que jamais. Les crapauds coassèrent plus froidement et enflèrent davantage, le vol des libellules devint plus maladroit, elles tremblaient et restaient suspendues dans la poussière blanche des fleurs des marais. Mortes, elles gisaient, belles et vides dans les roseaux.

Le soir de la fumée s'élevait des roseaux. La sorcière a de nouveau fait brûler des cierges.

Cet été-là une odeur plus âcre que jamais se répandit sur le village. Les herbes folles et sauvages prospérèrent, étincelant des mille couleurs de la profusion.

Les femmes chuchotaient, tiraient leur fichu osseux sur leur visage.

À force de chuchoter trop longuement leurs voix devenaient rauques comme celles des hommes.

Les hommes serrés les uns contre les autres se rendaient aux champs dans des carrioles qui couinaient et en travaillant ils restaient silencieux. Ils passaient la faux dans l'herbe, le travail et le silence les faisaient transpirer.

À l'auberge on ne riait pas, pas plus qu'on ne chantait. Les mouches bourdonnaient le long des murs leurs chants importuns.

Les hommes, chacun à sa table, se versaient le liquide brûlant dans le gosier, soulevaient et abaissaient leurs pommettes.

Les jardins sentaient l'humidité et l'amertume.

La salade poussa, rouge foncé, et elle crépitait comme du papier froissé. Et les pommes de terre étaient vertes et amères sous leur peau et elles avaient des yeux profondément enfoncés dans leur chair. Elles étaient petites et dures et passèrent l'hiver dans la terre. Mais leurs fanes étaient hautes et abondantes et elles fleurirent pendant l'été.

Le raifort poussa moussu dans les plates-bandes, et ses racines étaient tranchantes et dures comme jamais. Les gratte-cul restèrent verts et acides. L'été était trop humide pour eux.

La sorcière se tenait au coin d'une rue.

Les femmes déchirèrent leurs draps blancs en bandelettes qu'elles attachèrent dans les jardins. Au-dessus des bandelettes le ciel était noir tellement il y avait d'épouvantails. Tous les jardins en étaient remplis.

Les femmes bourrèrent de paille les costumes de leurs maris et les plantèrent sur de hauts mâts. Elles les coiffèrent de chapeaux, les chapeaux se balançaient au vent, n'avaient ni têtes ni visages.

Vous, hommes noirs du danger.

Et lorsque vint l'hiver, les jardins se dépouillèrent. Les plates-bandes étaient vides. Les épouvantails restèrent perchés sur les mâts et grandirent lorsqu'il neigea, brandissant leur menace dans les airs. Ils devinrent de grands magiciens de glace et de porcelaine dominant les arbres de leur hauteur.

La neige tombait de leurs chapeaux sur le village, les nuages étaient accrochés sur leurs épaules.

Il neigeait dans le long couloir qui ne surplombait la rue que de la hauteur d'un escalier. Dans la cour l'herbe sèche se brisait. Les poules donnaient des coups de bec dans les portes. Dans la maison des branchages étaient éparpillés. On entendait des craquements comme dans la forêt. Au milieu de la grande pièce, il y avait un billot et à côté la hache.

Le puits a une grande roue. Un seau monte et un seau descend. Dans le seau il y a beaucoup de glace et peu d'eau.

Le bruit de la hache nage dans le puits. Une fois de plus la sorcière coupe son bois dans la maison. De sa cheminée s'échappe une odeur de pommes cramées.

Dans le village les pères Noël vont et viennent.

Les enfants ont peur de leurs noix et de leurs oranges.

Pour le Jour de l'An une lettre arrive au village. Le postier regarde longuement le tampon. Il provient d'une localité inconnue, quelque part dans le pays. Le nom de LENA n'existe pas dans notre village. La lettre ne peut être que pour cette coloniseuse, pour cette jeune sorcière aux cheveux gris.

Les stalactites de glace ont des ramifications, elles ont en elles de grands miroirs. Dans chaque stalactite on voit une image prise dans la glace — le village.

Nous sommes tous assis autour de la table. Chacun mange et suit ses pensées.

Je pense à autre chose pendant que je mange. Je

ne vois pas avec leurs yeux, je n'entends pas avec leurs oreilles. Je n'ai pas non plus leurs mains.

La voisine est devant la fenêtre. Elle n'a été mariée que trois jours. C'était un mariage de guerre pendant une permission du mari. Il est reparti tout de suite. Ensuite ce fut la Russie avec ses hivers rigoureux et depuis pas le moindre signe de vie, pas le moindre avis de décès. J'ai attendu tous les soirs qu'il frappe à la fenêtre, dit-elle.

Devant une telle évidence sa voix est inexpressive. Son visage est impassible. Elle a aussi ces yeux-là quand elle parle du temps qu'il fait.

La mère revient à table. Parfois elle mord le manche de la cuiller.

La mère ne sait pas qu'elle sait qu'il y a tant de choses absurdes. Grand-père sait parfois qu'il ne sait pas ce qu'il sait. Alors il se promène dans la maison et dans la cour, et parle tout seul. Un jour, alors qu'il coupait des betteraves dans l'étable, je le vis sans qu'il me vît. Il parlait tout seul à voix haute, la hache toujours en main. Il hachait l'air alentour, se levait et faisait le tour de la corbeille de betteraves et son visage prit l'espace d'un instant un air de jeunesse qu'il n'avait plus depuis longtemps. Il ne tient pas à moi de retenir ce fait, de le raconter en quelques mots, il ne tient pas à moi d'en parler ou de le taire. Et je cessai de réfléchir.

Grand-père tire sur sa moustache fournie. Des poils lui restent dans la main. Il les regarde, les jette ensuite sur le sol et n'omet pas une seule fois de les piétiner.

Grand-père dort depuis quelques nuits dans l'étable sur la réserve de fourrage. La vache doit vêler. Debout, le derrière tourné vers lui, elle laisse tomber dans la paille cette bouse de betteraves verdâtre et fine qui éclabousse les murs, reste collée comme des mouches sur les murs chaulés et dégage de la vapeur dans l'air. Dans cette atmosphère chaude, la vache oublie de mettre bas.

Dans la cuisine sur le calendrier catholique accroché au mur la date du vêlage est dépassée depuis longtemps. À côté d'une date entourée d'un cercle il y a : vache couverte. Et à côté d'autres chiffres : couveuse placée, tabac vendu, porc acheté.

Je regarde le gros ventre de la vache et doute qu'elle reste en vie avec ce gros ventre. Je crois qu'il n'y a dedans qu'une pierre volumineuse.

Aujourd'hui non plus je n'ai pas le droit d'être là quand la vache va vêler. Je ne vois toujours que le veau terminé, à côté d'elle sur la paille. Il est fragile et ses pattes tremblent. Ils l'ont recouvert de son et la vache lèche l'enveloppe gluante sur son pelage.

Répandre du son sur le veau, une ruse. Je sais que ça aussi c'est une feinte.

Le chat aussi me montre son oreille arrachée, la neige est éclaboussée de sang.

Le poupon dormeur est retourné, le visage contre le rembourrage de la chaise. Je le mets sur le dos. Il a le nez cassé. Il porte d'épais vêtements d'hiver. Ses yeux sont abîmés. Je regarde à l'intérieur, ils sont un trou profond avec des billes en plastique accrochées à un ressort. Voilà comment sont les yeux bleus de mon poupon.

Des fleurs de gel tissent leur toile serrée au-dessus de la fenêtre. Je sens un beau frisson parcourir ma peau. La mère me coupe les ongles tellement courts que le bout de mes doigts me fait mal. Je sens avec les ongles fraîchement coupés que je ne peux pas marcher correctement.

Je marche continuellement sur les mains. Je sens aussi qu'avec ces ongles courts je ne peux ni parler ni penser correctement.

Les fleurs de gel dévorent aussi leurs propres feuilles, elles ont le regard d'yeux aveugles et laiteux.

La vapeur brûlante de la soupe de nouilles s'élève au-dessus de la table. La mère dit : nous allons manger, et si je ne suis pas là, tout près du bord de la table, dès qu'elle me le dit, les traces de sa main dure se dessinent sur ma joue.

Grand-père, il faut l'appeler plus d'une fois. Parfois je crois qu'il fait ça pour me faire plaisir. Je l'aime bien quand il n'obéit pas à la mère.

Il se lave les mains pour enlever la sciure de bois et s'assied à sa place au bout de la table.

Plus personne ne dit mot. Ma gorge est sèche. Je ne dois pas demander d'eau parce que je ne dois pas parler en mangeant.

Quand je serai grande, je ferai cuire des fleurs de gel et je parlerai en mangeant et je boirai de l'eau après chaque bouchée.

C'est un hiver sans neige.

Pendant tout un hiver des nuages de pluie restent accrochés au-dessus du village, glissent d'un côté et de l'autre comme des luges sur la neige, se déchirent, forment d'autres nuages.

Les hivers de neige il faisait encore clair le soir. Dans la neige la lumière scintillait dans les cristaux de gel. Les chemins ressemblaient à des boutiques de verroterie. Partout où on posait le pied quelque chose se brisait. Et on parcourait le village chaussé de solides souliers montants et de bottes.

Le père franchit la porte, il avait sur ses bottes ces éclats transparents et brillants. Il ôta ses gants, s'assit sur la chaise.

À l'endroit où il s'était tenu, une flaque d'eau tremblotante se forma sur le sol et en se déplaçant il laissa sur le plancher une semelle de soulier mouillée.

Ensuite le père retira ses bottes. Elles étaient étroites et taillées dans un cuir de vache dur comme de l'os.

Le père retira de ses bottes ses chaussettes russes.

Le pied du père avait une semelle et cette semelle avait aussi en hiver un talon rêche et crevassé. Et quand, le soir, le père frottait ces talons rêches et crevassés avec une tuile pour les lisser, ils ne devenaient ni plus lisses ni plus souples. Je crois qu'il n'y avait personne au village qui n'eût ces talons rêches et crevassés. Peut-être le sol sur lequel le village était construit et que tout le monde appelait le champ en était-il la cause. La mère étendait les chaussettes russes du père sur la barre du fourneau. Elles étaient faites dans une étoffe à rayures, l'étoffe d'une de mes robes d'été devenue trop petite. On m'avait donné cette robe pour Pâques et j'en avais été très fière.

À cette époque-là le photographe était au village. J'étais rondelette et j'avais des fossettes aux poignets. Une houppette sur la tête qu'on faisait toujours tenir les jours de fête avec de l'eau sucrée et qu'on enroulait autour du manche d'une cuiller en bois. Une fois de plus elle était de travers, comme tous les jours de fête, car la mère pleurait en me coiffant, parce que le père était une fois de plus revenu ivre de l'auberge.

Le jour de fête était gâché comme tous les jours de fête dans cette maison.

On le voit aussi sur la photo à cause de la houppette de travers faite de cheveux et d'eau sucrée et de mon sourire mi-figue mi-raisin.

Une fois coiffée et habillée j'allai dans l'arrière-cour et je m'enfermai dans les cabinets et descendis ma culotte, m'assis sur le caisson puant et me mis à sangloter. Je ne voulais pas être surprise, je me taisais instantanément dès que j'entendais des pas dehors, car je savais que dans cette maison on ne devait pas pleurer sans raison. La mère me frappait parfois quand je pleurais en disant, bon eh bien maintenant tu as au moins une raison de pleurer.

Puis je regardai dans le trou, je vis les crottes dans lesquelles rampaient des vers blancs. Je vis les petites crottes noires et je sus que grand-mère était à nouveau constipée, et je vis les crottes jaune clair du père, les crottes rougeâtres de la mère. J'étais en train de chercher les crottes de grand-père lorsque la mère cria mon nom dans la cour, et quand je finis par me tenir devant elle dans la salle, elle s'arrêta de tirer son bas sur sa jambe, me donna une gifle, tu dois répondre quand je t'appelle.

Et lorsque nous sommes arrivées chez grand-mère à l'autre bout du village, la mère pleura et dit que le père rentrait ivre tous les soirs. Le père assis à table ne toucha pas au verre de vin que grand-mère avait posé devant lui, il se leva, prit sa veste sous son bras et s'en alla. La mère s'appuya contre le poêle en faïence et sanglota. J'émiettai un morceau de gâteau.

La mère appuya tout son corps contre le poêle et cria en pleurant. Soudain elle me vit assise sur le tabouret en train de la regarder et de façon inattendue nous cria, à Heini et à moi : sortez dans la cour ! Allez jouer !

Heini et moi nous étions dans la cour. Sans mot dire. Heini mâchouillait son index.

J'errai dans la cour, Heini disparut derrière les tiges de maïs dans le jardin. J'étais près du tas de sable. Dans le sable de nombreux éclats de mica scintillaient. Le sable était sec, bien que leur scintillement soit humide.

Je me mis à construire une maison.

Pourquoi appelle-t-on tout ce que les mères font travail et tout ce que les enfants font jeu ? Au soleil ma maison se fissura. Je lissai ses murs. La maison de grand-mère avait des murs mouillés et moisis. Grand-mère les blanchissait très souvent, mais la moisissure recommençait aussitôt à dévorer la couleur. Elle était salée.

Les soirs d'été quand les chèvres revenaient du pâturage, elles les léchaient. À l'intérieur le long des murs, les fourmis venant de la rue laissaient un cordon de sable.

Dans la salle il y avait aussi des fourmis sur le plancher. Grand-mère n'avait rien contre les fourmis.

Un jour elles s'étaient faufilées dans la boîte à sucre. Il y avait dedans plus de fourmis que de cristaux de sucre. On aurait dit des graines de pavot, elles grouillaient.

J'avais peur d'elles, elles étaient si petites, si nombreuses, elles accomplissaient leur travail sans bruit. Grand-mère tria les cristaux de sucre, un à un, et dit que les fourmis ne sont ni sales ni toxiques et que l'on pouvait encore utiliser le sucre.

Je ne voulais pas en manger et je versai ma tisane dans le seau d'eau potable lorsque grand-mère sortit de la cuisine.

Toute la journée c'était l'été. Mais quand le jour tombait, la saison ne signifiait plus rien, car on ne voyait plus rien. C'était seulement le soir. Dehors un orage faisait rage. La pluie tambourinait sur le toit. L'eau jaillissait des gouttières.

Grand-mère se couvrait d'un sac et traînait le grand tonneau en bois sous la gouttière. Elle voulait recueillir l'eau de pluie.

L'eau de pluie — cela me faisait penser au velours. Elle était douce et rendait les cheveux soyeux et dociles.

La nuit était tombée. Je ne savais pas comment faisait la nuit pour tomber sans bruit. Chaque soir l'été se noyait au beau milieu du village. Ce n'était plus qu'obscurité noire comme dans un sac et silence de mort.

Éclairs et tonnerre continuaient. Les couvertures tirées sur moi avaient le poids de la neige. J'avais beaucoup d'herbe mouillée dans le cou.

De temps à autre la chambre s'éclairait. Les grandes boîtes claires que grand-mère conservait depuis des années craquaient. Au plafond de la chambre des bêtes aux mille pattes s'agitaient, émergeant des taches de lumière et d'ombre. Les fils des poteaux télégraphiques se heurtaient et faisaient valdinguer les rues de droite à gauche.

Dehors dans la nuit les arbres se flagellaient. Je les voyais à travers les murs. Les arbres étaient élancés, et pourtant ils ne rompaient pas.

Et je voulais les boire parce qu'ils étaient tellement dénués de couleur et tellement froids, mais ils me firent des grimaces, nous ne sommes pas de l'eau, me dirent-ils, nous sommes en verre. La pluie aussi est en verre.

Le tonnerre s'en prit aux volets.

J'entendis l'urine que Heini faisait clapoter dans le pot de chambre et je sus que je n'étais pas seule dans la chambre.

Je criai le nom de Heini qui me demanda, tu as peur.

Un peu. L'éclair illumina la chambre.

Je vis Heini genoux fléchis devant le pot qu'il tenait d'une main. Et dans l'autre son membre. Qui était très blanc dans la lumière de l'éclair.

Ensuite je me levai et m'assis sur le pot, tout en rentrant le ventre pour éviter que l'urine s'écoule trop bruyamment. Mais le bruit sous moi devint de plus en plus fort.

Une vraie cascade.

Heini m'appela et me dit de venir dans son lit. Je n'ai pas peur des éclairs, dit-il. Je me glissai à côté de lui sous la couverture et regardai dans la chambre. L'une des taches de lumière en forme de bête était accrochée à la porte de l'armoire.

Je les regardai.

Je pourrais bien t'aimer si tu n'avais pas une façon de pisser si bizarre, avec ce truc allongé. C'est tellement moche.

Arrête, demain on le coupe.

J'ai peur d'avoir un enfant de toi. Je crois qu'il ne faut pas, nous avons pissé dans le même pot.

Arrête, nous nous marierons.

Mais tu es mon cousin.

Grand-mère pisse tellement. Elle a un ventre très profond.

Comment le sais-tu ?

On le voit à travers ses jupes.

Ensuite nous nous sommes endormis.

Jusqu'à ce que le jour laisse filtrer les bruits de l'été à travers les murs. Le village était dans la rue.

Je rentrai à la maison en passant entre les cous des oies. Elles me suivaient en cacardant, j'eus peur et j'accélérai le pas. Je me mis souvent à courir.

Le chien aboya après moi comme si j'étais une étrangère. La mère était au travail. Le père au travail. Grand-père au travail.

Grand-mère était à la maison.

Grand-mère était la mère de la mère. Le village était plein de grands-mères.

Je dus éplucher des pommes de terre. Le couteau s'enfonça dans mon doigt.

Brûlure violente dans l'entaille. Sur la pomme de terre épluchée du sang. Je laissai tomber le tubercule dans l'eau. Le ressortis et le coupai en morceaux. J'ignorais, en coupant une petite pomme de terre, quelle devait être l'épaisseur et la largeur d'une tranche bien coupée. Personne ne le savait.

La dernière tranche était tordue et vilaine. Je la fourrai dans ma bouche, la mâchai, et la recrachai sur les épluchures. Une fois mâchée on aurait dit du vomi. Je mis dessus de longues épluchures de pommes de terre pour la recouvrir.

Grand-mère saupoudra la pâte de farine, elle la pétrit, l'étala. Elle en coupait toujours un bout qu'elle enduisait de blanc d'œuf. La pâte devenait comme du verre. Tout est en verre, avaient dit les arbres.

Les jupes de grand-mère se balançaient. Son tablier était plein de farine.

L'autre grand-mère a de gros seins et celle-ci est toute plate. L'autre grand-mère a un ventre profond. Heini l'a vu. Sans doute toutes les grands-mères ont un ventre profond. Mais chez cette grand-mère-ci, on ne le voit pas à travers ses jupes.

Qui sait, Heini le verrait peut-être. Mais lui, il n'a qu'une grand-mère et moi j'en ai deux. Heini a la vie facile. Heini sait tout.

Les cloches de la première messe sonnent.
Une volée de moineaux s'envolent du clocher et
se posent dans les hauts peupliers. Les branches
frappent les unes contre les autres. Elles sont
toujours en mouvement et apportent du vent
dans le village, décrivent de larges cercles froids
si bien que les hommes en marchant doivent
retenir leur chapeau d'une main. Les feuilles qui
tombent des peupliers sont vertes et saines
comme l'été. Le maire dit que si les feuilles
tombent en plein été, c'est la faute de la grosse
cloche qui est désaccordée depuis des années à
cause de la rouille qui s'est déposée sur elle. Et
le curé est d'avis que la petite cloche est accrochée trop bas dans le clocher. Voilà pourquoi le
curé et le maire du village ne sont jamais
d'accord. Les feuilles tombent tout un été et
pourtant on ne voit pas que les cimes des arbres
sont de plus en plus dégarnies. Elles restent
fournies et sombres, et quand on les regarde
trop longtemps, on étouffe et elles, elles se
mettent à tourner. Et on perd l'équilibre sur le
chemin lisse et droit.

À la fin de l'automne quand le village est déjà
tout dépouillé, les arbres semblables à de gigan-
tesques balais attrapent les nuages les uns après
les autres dans leurs branches dures, et le
brouillard qui se forme laisse les pignons des
maisons à longueur de journée dans la grisaille,

si bien que les maisons n'ont plus de toit quand on passe devant elles.

Et là où le bois est le moins épais, il craque, mais personne ne l'écoute, car partout ce n'est que vent et mutilations.

Les peupliers ont attrapé la jaunisse et fiévreuses leurs feuilles tombent.

Et quand les peupliers ont perdu toutes leurs feuilles, l'été est tout en dessous dans l'herbe et l'automne est passé lui aussi. Mais ici personne ne parle des saisons.

Le village est transparent et étroit et tout en longueur. Même les maisons, les clôtures, les jardins, même les gens ressemblent à des chemins vides.

On peut tout regarder, saisir, traverser, et les gens sont inquiets parce que le village est si vaste, parce qu'on voit la vallée et que le regard glisse dans les fourrés, parce qu'on voit la forêt si proche qu'on s'y perd, parce qu'on voit le limon dans le fleuve sous l'eau jaune, parce que tout nous saisit à la gorge et se rapproche de la pointe de nos pieds. Le ciel est vide car les arbres sont vides. On trébuche, car il n'y a plus ni obstacles ni distances.

Les femmes croisent les bras sur leur ventre et les hommes les croisent dans le dos.

En été ils agitent les bras en faisant de grands gestes. En marchant ils portent des faux, des haches, des râteaux, des paniers et des seaux qu'ils agitent aussi. Leur démarche est détendue, et en les voyant on sait toujours d'où ils viennent et où ils vont. Et on ne sait pas si les femmes agitent les mains à cause de leurs longues jupes ou si les jupes se balancent à cause des mains.

Sous les peupliers elles marchent vite, à perdre haleine, et le bruissement fait gonfler leurs jupes. Parfois elles ne marchent que sur leurs jupes, leurs pieds ne touchent pas le sol. Et pourtant en marchant elles regardent leurs souliers afin que les arbres ne tournent pas au-dessus de leurs têtes et qu'elles n'aient pas peur qu'une feuille leur recouvre le visage.

Les femmes passent devant la croix et se signent trois fois, une fois elles se touchent des doigts le front, une fois la bouche, une fois la poitrine.

Puis elles montent les quatre marches et saisissent leur jupe aux hanches pour la soulever et ne pas marcher sur le bas. C'est le bas de leur jupe qui est le plus lourd, le plus large et le plus beau.

Là il y a une lourde porte en bois et d'épais murs aveugles, avec tout en haut de petites fenêtres aux vitraux multicolores dont les couleurs ne sont visibles ni dans l'église ni dans la rue. La messe ne doit pas sortir dans la rue et la rue ne doit pas entrer dans l'église. Couinement de la lourde porte en bois qui se referme, et on est plongé dans la musique de l'orgue qui vrombit autour de la tête comme un essaim d'abeilles jusqu'à ce que les oreilles s'y soient habituées et que les tempes ne martèlent plus le rythme de la musique, jusqu'à ce que les yeux ne brûlent plus dans la lumière laiteuse des cierges.

Les femmes trempent rapidement le bout de leurs doigts dans le bénitier sablonneux et se signent à nouveau trois fois, sur le front, la bouche, la poitrine, ensuite en se balançant et avec précaution, comme si en marchant elles voulaient éviter toute sensation, elles avancent vers un banc où il y a encore une place au milieu d'autres jupes. À côté du banc, elles font une génuflexion et s'assoient à une place libre et font à nouveau un signe de croix, et au troisième signe de croix, sur la poitrine celui-là, elles se mettent à prier.

L'orgue vrombit en haut dans la tribune.

Le souffleur d'orgue a des yeux bleus collés qui rapetissent et s'enfoncent de plus en plus dans sa tête. Il a des cheveux blancs et des touffes de poils raides gelés au-dessus de la bouche et autour des yeux. Quand il parle son dentier cliquette. Quand il rit, il tombe par terre, si, avant de se mettre à rire, il ne met pas sa main sous son menton. Quand il rit plus long-temps et garde la bouche trop grande ouverte, son dentier lui tombe à chaque fois dans la main. Il le repousse dans sa bouche en jetant des regards confus, mais l'envie de rire lui a passé. Il ne peut jamais rire tout son saoul. Et il dit parfois que vieillir est horrible.

Il y a un an, son dentier était trop petit. Il lui blessait la gencive. Il alla montrer au dentiste du village la blessure de sa bouche. Le dentiste ouvrit la fenêtre et jeta la prothèse loin dans le jardin de l'église. Le souffleur d'orgue alla au milieu du trèfle. On venait de le faucher et on voyait le dentier de loin. Pendant un instant il lui sembla aussi étrange que la mâchoire d'un chien. Il le ramassa et l'enveloppa dans son mouchoir. Le dentiste se tenait toujours dans l'encadrement de la fenêtre et tendit le bras pour le récupérer. Il agitait les doigts comme pour lui faire signe. Le souffleur d'orgue déposa le dentier dans sa grande main blanche et lorsqu'il se trouva à nouveau dans le cabinet, le dentiste était déjà en train de limer la face intérieure du dentier, de la poudre blanche tombait sur le sol et il serait presque devenu aimable. Mais le souffleur d'orgue fixait en silence les pinces et les ciseaux posés sur des linges blancs. Lorsque le dentiste voulut lui mettre le dentier dans la bouche il serra les lèvres et tendit la main. Le dentier dans la main il sortit sans saluer.

Une fois dehors il mit le dentier dans la poche de sa veste. Et arrivé devant la porte de sa maison il le fourra dans sa bouche. À présent le dentier tremblotait, il était trop grand. Depuis ce jour le souffleur d'orgue n'est plus allé chez le dentiste.

Tout en activant les soufflets, il tient son chapeau à la main et se tient de l'autre main au buffet de l'orgue. Il actionne le soufflet à intervalles réguliers comme s'il faisait du vélo, comme s'il voulait faire rouler l'orgue. Et les planches et toute l'église se mettent à vrombir sous ses pieds.

Ce faisant il ferme les yeux et se plonge dans ses pensées qui parfois se déchirent comme des lacets usés parce qu'en activant le pédalier il s'est endormi. Mais même en dormant il continue à appuyer régulièrement sur les pédales.

À chaque fois ses boutons de braguette se défont. Le souffleur d'orgue les reboutonne après chaque cantique, et quand il oublie, il le fait seulement à la fin de la messe, et s'il oublie encore, il ne le fait qu'une fois chez lui, quand sa femme s'activant au milieu de ses casseroles et de ses marmites remplit la maison de ses vociférations en hurlant quelle honte. Comme tous les dimanches elle met trop de sel dans la soupe dominicale et oublie le gâteau dans le four.

Grand-mère est assise avec moi sur le cinquième banc. À côté de moi il y a la svelte Leni. Elle est la plus grande femme du village. Dans la rue elle n'est pas aussi grande. Mais assise ici sans bouger, elle a un visage de pierre. Elle a l'air raide comme un piquet. Ses vêtements sont propres et repassés. Sur sa blouse et sa guimpe il y a plusieurs rangées de rubans de velours. Sur son tablier il y a des trous brodés à la soie noire qui brille même quand il n'y a pas la moindre tache de soleil dessus. La svelte Leni a de longs doigts très droits et des épaules aussi droites qu'un cintre. Elle est belle, mais a l'air très distant et froid. Je m'éloigne d'elle, me pousse tout contre le tablier de grand-mère. Qui me jette un regard fâché.

Je renverse ma tête. Dans l'église le ciel aussi est un mur. Il est bleu ciel et parsemé d'étoiles.

Je demande à grand-mère quelle est l'étoile du berger et elle marmonne entre ses dents idiote, et continue à prier. Et je continue à penser que Marie n'est pas une véritable Marie, mais une femme en plâtre, et l'ange n'est pas un véritable ange et les moutons pas de vrais moutons, et le sang seulement de la peinture à l'huile.

La grande Leni prie dans mon oreille, elle est la véritable Leni. Je regarde grand-mère, pas son visage, mais ses mains.

Tous les ligaments sont tendus, il n'y a plus de chair, seulement des os et de la peau sèche. À tout instant elles pourraient se figer dans la mort, mais elles bougent encore en priant et le chapelet cliquette.

Il appuie sur les os des mains de grand-mère et imprime des taches bleues sur ces petites mains noueuses qui ressemblent au travail lui-même, aussi malmenées que le bois dur qui se trouve partout dans la maison, aussi égratignées et démodées que ses meubles. D'un bout à l'autre des bancs il y a de longs coussins épais qui ressemblent à des bouées.

Le curé a fait l'acquisition des coussins pour que les gens du village viennent à l'église aussi en hiver.

J'ai froid même en été quand je suis assise sur ces bancs. Il fait toujours sombre ici, les frissons qui m'envahissent montent des dalles du sol. Elles sont angoissantes comme une étendue de glace quand on a déjà trop marché dessus et qu'on ne sent plus ses jambes et qu'il faut continuer sur le visage.

Les murs et les bancs et les habits du dimanche et le murmure des femmes m'assaillent et je ne peux pas non plus me défendre en priant, pas même contre moi. Mes lèvres deviennent froides.

Wendel est venu jusqu'à l'église avec sa grand-mère. Il a fallu que je lui donne la main depuis la maison jusqu'à la porte de l'église. Il a fallu que je traverse tout le village, la rue principale du village où on voit même un insecte trotiner sur le sol. Wendel est assis en haut à la tribune à côté du souffleur d'orgue et regarde son pied solidement chaussé.

Chaque dimanche quand nous sortons de l'église Wendel me raconte qu'il veut devenir souffleur d'orgue lui aussi. On actionne les soufflets et on a des pensées plein la tête, on fait fonctionner la soufflerie et les autres, tous les autres, se mettent à chanter, et quand on arrête, ils s'arrêtent de chanter. Une fois Wendel s'est assis devant sur le banc des enfants. Cette fois-là il pria à haute voix et comme il bégayait il perturba les enfants à côté de lui.

Du haut de la chaire le curé lança un morceau de craie et Wendel eut un traie de craie sur le col de son manteau. Il en perdit la parole et resta assis figé car pendant la messe on ne doit même pas pleurer, si ce n'est pendant le prêche. On ne doit pas non plus se lever.

Depuis lors, dès que Wendel a refermé la porte de l'église derrière lui, il monte l'étroit escalier en colimaçon jusqu'à la tribune de l'orgue.

Il reste assis sur un banc vide près du souffleur d'orgue.

De l'autre côté, Lorenz le bossu est assis sur un autre banc vide.

Même pendant la messe, Lorenz a de fortes quintes de toux sèche. Les femmes de la chorale tournent la tête vers lui en chantant, et prennent des mines contrariées. Lorenz regarde leur gorge qui en chantant monte et descend. Il voit leurs veines gonfler dans leurs cous et ensuite disparaître à nouveau dans leur chair. Kathi a une fois de plus un suçon rouge dans le cou qui bouge en même temps que sa gorge.

Lorenz détourne le regard, il regarde la tablette du banc sous son coude. Des noms et des années y sont gravés, avec des cœurs, et des flèches. Il en a gravé lui-même plus d'un.

Lorenz a gravé dans le bois son propre nom avec un long clou.

Sur le buffet de l'orgue Lorenz a écrit son nom et on le voit de loin. Lorenz aime à dessiner de grandes lettres.

Sur le pilier central on lit : *Lorenz + Kathi*. C'est Lorenz lui-même qui l'a écrit. Sur la surface poussiéreuse du buffet de l'orgue il a aussi dessiné *Lorenz* et le mot y reste inscrit jusqu'à ce qu'une des femmes de la chorale y appuie son dos.

Quand les chants s'arrêtent, le bourdonnement des prières commence en bas sur les bancs. Toutes les femmes s'agenouillent, font trois fois le signe de croix, murmurent mon-Dieu-je-ne-suis-pas-digne, se signent encore une fois et se relèvent.

Je prie. Grand-mère me donne un coup de son genou pointu dans la jambe, je prie moins fort. Je veux prier pour me débarrasser de la faute. Je sais que c'est le père qui a cassé la patte du veau.

Au village il est interdit d'abattre les veaux et de faire de la gnôle. En été tout le village sent la gnôle, on dirait un immense chaudron de gnôle. Chacun fait sa gnôle dans la cour derrière la clôture et personne n'en parle, pas même avec son voisin.

Le matin le père avait brisé la patte du veau avec le manche d'une pioche. Là-dessus il alla chercher le vétérinaire. Qui arriva vers midi à vélo dans la cour. Il l'appuya contre le prunier et à peine avait-il disparu derrière la porte de l'étable que les poules se posèrent dessus.

Le père expliqua au vétérinaire en roumain comment le veau s'était pris la patte dans la chaîne de la mangeoire, comment il n'avait pas pu se dégager, était tombé de tout son long par-dessus la barre et s'était cassé la patte. Tout en donnant ces explications, le père caressait le dos du veau. Je regardai le visage du père. On ne voyait pas qu'il ne disait pas la vérité. Je voulais enlever sa main du dos du veau, la jeter dans la cour et la piétiner. Je voulais que ses dents tombent parce qu'il avait menti.

Le père était un menteur. Tous ceux qui étaient présents mentaient par leur silence. Ils regardaient tous dans le vide. Je les observai l'un après l'autre, leurs visages laids, leurs nez, leurs yeux, leurs têtes aux cheveux en broussaille. La barbe naissante du père doublait de volume et cachait sa brutalité. Les mains du père s'emparaient des mots du mensonge et rendaient convaincant tout ce qu'elles faisaient.

Ensuite, avec un bruit de papier froissé, le vétérinaire tira un cahier de sa sacoche grais-

seuse. Il remplit une page, la déchira et la mit
sous le nez du père, pendant que le vétérinaire
était encore en train d'écrire le père lui avait
déjà fourré un billet de cent lei dans la poche de
son manteau et le vétérinaire fit semblant de ne
rien remarquer et continua à écrire.

Ensuite il tint dans sa main la feuille sur
laquelle il était écrit que le veau avait eu un acci-
dent. C'était l'autorisation d'abattage pour cas
de force majeure.

Le vétérinaire avala cul sec le huitième verre de
gnôle, puis il chassa les poules de son vélo. Elles
tourbillonnèrent et caquetèrent dans l'air. Sur la
selle il y avait un tas de crottes de poule fraîches.
J'étais contente parce qu'en les essuyant il se salit
la main. Le vélo roula vers le portail dans la
ruelle, le vétérinaire se jeta dessus de côté et s'en
alla courbé sur sa bicyclette. Son derrière pendait
des deux côtés de la selle, comme la pâte de
grand-mère qui déborde du moule quand le pain
cuit. Le vélo gémissait sous son poids. L'oncle
apporta une grosse cognée qui était dans la cour
arrière.

La mère lui attacha un tablier autour de la
taille. Elle fit une grande boucle sur son derrière. Puis elle lui retroussa les manches jusqu'aux coudes et elle ne voulait plus s'arrêter de
les rouler. La mère semblait très aguichante
parce qu'elle riait beaucoup.

La mère retroussa aussi les manches du père,

elle fut très rapide et pas du tout aguichante. La mère retroussa aussi ses propres manches, elle le fit étonnamment vite et elle n'avait plus aucun visage sur le visage.

Grand-père écarta le bras et retroussa lui-même ses manches.

J'avais peur. Ils avaient tous des poils sur les bras. Je tirai les manches de mon corsage sur mes mains et je les maintins avec mes doigts fermés de l'intérieur comme si elles étaient un sac ficelé. Il me fallut rester là un moment avec mes manches ficelées, pour ne pas en venir aux mains, pour ne pas griffer ni étrangler.

L'hirondelle à côté de la poutre se pencha en avant de tout son ventre blanc et par-dessus le bord du nid nous regarda. Sans gazouiller. Lorsque l'oncle leva la grosse cognée, je courus dans la cour, me postai sous le prunier et mis mes deux mains sur mes oreilles. L'air était chaud et vide. L'hirondelle n'était pas venue avec moi, elle dut couver au-dessus d'une exécution.

Un village plein de chiens inconnus s'était rassemblé dans la cour. Sur le tas de fumier ils léchaient le sang répandu sur la paille et traînaient les sabots et des lambeaux de peau au-delà de l'aire de battage. L'oncle les leur arracha de la gueule. Ils ne devaient pas les emporter dans la rue.

Dans le purin il y avait deux yeux. Le chat mordit dans l'un d'eux avec sa canine. Craquement, une boue bleuâtre lui gicla au visage. Il s'ébroua et s'en alla sur ses pattes toutes raides.

L'oncle scia un os qui était aussi gros que son bras.

Le père cloua la grande peau tachée de rouge contre le mur de la grange pour la faire sécher. En plein soleil de midi. Quelques semaines plus tard j'avais une peau de veau devant mon lit.

Chaque soir je tirais la descente de lit dehors, car la nuit je sentais tous ses poils dans ma gorge. Je rêvai que je devais manger la peau avec un couteau et une fourchette, je la mangeai, vomis, dus continuer à manger, vomis encore davantage de poils et mon oncle dit, tu dois tout manger, sinon tu mourras. Lorsque je fus sur le point de mourir, je me réveillai.

La nuit suivante le père me força à monter le veau à califourchon. Il nous fit traverser le pré. Les fleurs étaient abondantes et hautes. Nous étions en plein milieu de la prairie lorsque la colonne vertébrale du veau se brisa sous moi. Je voulus descendre, mais le père cria et nous fit continuer et traverser toutes les prairies des environs et il y en avait tant, elles n'en finissaient pas. Le père nous obligea à traverser la rivière, le père hurlait et nous traversâmes la forêt dans le sillon de son écho.

Le veau haletait et dans son angoisse de mourir il heurta un arbre la tête la première. Du sang coula de ses naseaux. J'avais du sang sur mes orteils, sur mes beaux souliers d'été, sur ma robe lorsque le veau s'effondra.

La mère alluma la lumière, me dit bonjour et plaça le tapis en peau de veau tachée de rouge devant mon lit. Quand je me levai, la chambre se mit à tourner, la chaleur du soleil inonda mon visage et je fis un grand pas pour enjamber le tapis en peau de veau. À midi, venant de l'étable, la mère entra dans la cuisine avec le seau pour la traite. Il y avait de la mousse sur le lait. Je cherchai du lait rosé dans le seau. Il y aurait dû y avoir du sang dedans. Le seau était chaud. J'avais posé mes mains autour de lui et je les laissai longtemps collées contre lui.

La vache meugla pendant des jours dans la paille vide. Elle ne touchait pas au fourrage. À longueur de journée elle ne faisait que boire de l'eau, rien que de l'eau froide et en s'abreuvant elle plongeait la tête dans le baquet jusqu'à la pointe de ses oreilles. La mère apportait tous les jours dans la cuisine du lait chaud, chaud comme la vache. Je lui demandai si elle serait triste, elle aussi, si on m'enlevait à elle, si on m'abattait. Je tombai contre la porte de l'armoire, j'eus une bosse bleue sur le front, la lèvre supérieure enflée et une tache violette au bras. Tout cela à cause de la gifle.

La mère dit, tu as assez pleurniché maintenant. Il fallut que j'arrête immédiatement de sangloter et que l'instant suivant je parle gentiment avec la mère. Les enfants ne doivent pas en vouloir à leurs parents, car tout ce que les parents font, c'est uniquement ce que les enfants méritent. Il me fallut reconnaître à haute voix et de mon plein gré que j'avais mérité la gifle, et que c'était dommage pour chaque coup tombé à côté. Grand-mère était déjà en train d'apporter le grand balai. Un saladier était tombé de l'armoire lorsque je l'avais heurtée.

Grand-mère se mit à balayer.

La mère lui arracha le balai des mains et le plaça devant moi. Je balayai les débris et à travers toutes mes larmes je vis la cuisine complètement brouillée.

Le manche du balai était plus haut que moi. Il passait de droite à gauche devant mes yeux. Le manche du balai tournait, la cuisine tournait.

La mère avait une mine très renfrognée. Remue-toi.

Sur les pavés les mères avancent dans leurs jupes souabes cousues dans des ballots d'étoffe entiers dont les plis ressemblent aux cimes des arbres qui se vautrent sur les toits des maisons et écrasent le village contre l'herbe, et qui, quand le vent souffle, frappent les toits et brisent les tuiles. Les mères ont coincé des mouchoirs blancs bien repassés dans la ceinture de leur tablier. Ce matin elles sont sorties de leur lit pour pleurer, elles ont pris leur petit déjeuner et mangé à midi pour pleurer.

Elles font de chaque tâche domestique un ensemble de gestes, et dans leurs têtes baissées il n'y a que désir d'absence et de fuite loin d'elles-mêmes. Toute la journée elles sont hors d'elles-mêmes dans le bois et l'étoffe et le fer-blanc de leur ménage.

Et à midi elles détachent les lacets de leurs tabliers et de leurs corsages, les laissent tomber sur le sol et sortent des armoires leurs habits noirs.

Et en allant vers leurs armoires, elles regardent le plafond de la chambre pour ne pas se voir nues, car dans chaque pièce de la maison il peut se passer quelque chose qu'on appelle honteux ou obscène. Il suffit de se regarder nu dans le miroir ou en enfilant ses bas de penser qu'on se touche la peau. Dans ses habits on est un être humain, et sans ses habits on n'en est pas un. Rien que la grande surface de peau.

Elles s'habillent pour pleurer, en noir des souliers jusqu'aux franges des fichus osseux, et chaloupent dans les plis de leurs robes.

Leurs filles ne se sont libérées qu'en apparence de leurs costumes traditionnels. Dans leurs mouvements roulent les ballots d'étoffe de leurs habits souabes et malgré leur maigreur leurs vêtements ne semblent pas convenir à leurs corps, on dirait qu'ils sont à l'extérieur des coutures. Mais leurs cerveaux en sont habillés.

Parées de leurs vêtements ajustés elles avancent

en trottinant, les jambes nues, dans une dépendance muette à côté des blouses sombres qui chaloupent. Elles portent elles aussi des souliers noirs, des bas noirs, mais transparents, et des vêtements noirs.

Dans leurs mains elles tiennent ces grands sacs vernis triangulaires et raides qui se balancent de-ci de-là comme s'ils étaient en fer-blanc. Les sacs sont creux, car il n'y a rien d'autre dedans qu'un mouchoir et un chapelet, et dans le fond de la monnaie sonnaille.

Et elles ne savent pas comment tenir ces sacs, car tenir un sac n'est pas comme tenir les manches des balais, les pioches ni les couteaux de cuisine, ni comme les empoignades pour le dressage des animaux domestiques et des enfants. Elles font quelques pas en les tenant dans leurs mains, les laissent glisser au creux de leur bras plié d'où ils pendent comme s'ils étaient suspendus à des crochets pointus, et à chaque pas ils frappent leur postérieur plat.

Malgré la chaleur accablante les filles portent des fichus noirs noués sur la tête, parce que leurs cheveux sont blonds ou noirs, mais pas assez noirs pour pleurer.

Elles avancent comme des essaims d'oiseaux noirs jusqu'à la maison dans laquelle habite le veilleur de nuit, piétinent la cour, passent devant la porte ouverte de la cuisine d'été et voient encore le reste de la corde accrochée à la poutre.

Elles écarquillent leurs grands yeux froids et portent leurs frissons dans une chambre éclairée par des cierges, remplie de fleurs en plastique et de l'odeur du cadavre, où immobile derrière la porte le diable se reflète dans le miroir recouvert par des tabliers souabes noirs, pour que les prières des vivants et l'âme du mort arrivent au ciel. Avec un rameau de buis mères et filles aspergent d'eau bénite le cercueil et l'eau s'infiltre à travers le linceul et coule sur les pommettes du mort jusqu'à son cou tuméfié, et son visage est de la cire verdâtre.

Elles cherchent des yeux une chaise. En s'asseyant les mères tirent sur les plis de leur jupe, et les filles mettent à la bonne place sur leurs cuisses leurs sacs anguleux, et les mères prient en reniflant et enroulent autour de leurs mains leur chapelet qui cliquette comme de la vaisselle, et les filles se tamponnent leurs cernes avec leurs mouchoirs et se forcent à avoir des larmes sur le visage.

Les mères et les filles sortent de la chambre et vont dans la cour. Les hommes deux par deux avancent jusqu'à la rue. Les femmes les suivent, deux par deux en se donnant le bras.

Les grands instruments à vent brillent au soleil.

La musique s'écrase contre les murs des maisons et arrivée au bout de la rue, elle revient au-dessus du village.

Le cocher en noir du corbillard noir sculpté fouette ses chevaux noirs. Les chevaux ont des pattes pleines de mouches. Ils avancent, leur derrière devant le visage du cocher, et laissent couler leur urine dans la poussière et ils sont effarouchés par la musique tonitruante et dans leur confusion ils échangent leurs sabots.

Le curé, dans un froufroutement, passe devant l'église avec le seau d'eau bénite, car les morts qui n'attendent pas humblement que Dieu leur reprenne la vie et leur offre la mort, mais se donnent la mort sans craindre Dieu, ne sont pas portés dans l'église.

Au cimetière une nuée de corneilles noires volent au-dessus de la grande croix en marbre blanc qui domine le cimetière et les moineaux piaillent et des buissons de prunelliers qui bordent le chemin s'envolent vers les champs.

Devant la tombe, le curé lâche vers le ciel un monstre blanc en encens, il chante avec la même voix que celle qui raconte au cours de religion que les rouges à lèvres sont faits avec le sang des puces. Le curé jette la première grosse motte de terre sur le cercueil. Les fossoyeurs fourrent leur bouteille de gnôle dans la poche de leur manteau, se crachent dans les mains, prennent les pelles et construisent un monticule humide. Des nuées d'endeuillés se dispersent dans le village et se faufilent derrière les clôtures dans les maisons. Les rues restent vides. Le soleil se couche dans le champ de maïs, et a un visage rouge et brumeux.

Parfois le village a peur de ses habitants.

Le village devient d'une beauté qui met mal à l'aise.

Le village n'a plus de centre et la chaleur pousse le crépuscule dans les jardins et le fait enfler. Les herbes sauvages referment leurs fleurs d'un jaune lumineux.

C'étaient les rares soirées silencieuses.

C'était le silence dans le village. Le soir déployait son sac noir. Il était vide. Les granges avaient peur elles aussi.

La nuit était partout, le dos appuyé contre les clôtures.

Mes souliers firent quelques pas dans la cour, prudemment. À chaque pas on pouvait tomber dans un piège.

Dans les arbres pas le moindre souffle de vent. Seulement un chat qui sauta d'une branche. En l'air le chat s'étira. Ses pattes se détachèrent de son corps. Juste avant de tomber sur le sol, il les retrouva et atterrit sur le sol comme si on l'y avait déposé.

Partout où j'allais, du verre s'installait entre les choses et moi.

Il reflétait l'image de plusieurs chats. Ensuite j'étais les pieds nus dans le visage.

La pluie, lorsque vint le soir, avait cessé. La nuit était aveugle.

Grand-mère, quand il pleuvait, regardait les petites bulles qui frappaient le pavé et savait combien de temps il allait encore pleuvoir.

Elle prédisait la pluie, car elle le savait en regardant les vaches, et les chevaux et les mouches et les fourmis. Aujourd'hui c'est le vent de la pluie qui souffle, disait-elle, et le lendemain il pleuvait. Grand-mère tendait la main dehors sous la pluie et restait immobile jusqu'à ce que les filets d'eau tombent goutte à goutte de son coude. Quand ses mains étaient mouillées, elle sortait elle aussi sous la pluie.

Quand il pleuvait elle cherchait quelque chose à faire dans la cour et se faisait mouiller jusqu'aux os. C'étaient les rares jours où elle allait sans fichu, où je voyais sa tresse épaisse repliée dans laquelle tant d'eau s'infiltrait qu'elle l'alourdissait tant et si bien qu'elle glissait sur le côté.

Du jardin, un parfum sauvage de plantes me parvenait au visage. Amer, il se collait à mon palais quand je respirais. Les buissons traînaient leur feuillage. Tout ruisselait de pluie.

Je portais une robe faite d'air humide. J'avais trouvé une paire de grands souliers près de la porte. Ils appartenaient au père, comme tout ce qui était dans cette maison appartenait à quelqu'un, surtout les vêtements et les souliers et les lits. Pas un seul soir on n'échangeait les lits ou les chambres, pas un seul midi les places à table, pas un seul matin le père et le grand-père n'échangeaient leurs habits. Il n'y avait que moi qui marchais parfois dans la maison avec les souliers graissés du père, dans les châles sentant la naphtaline de grand-mère quand la mère était au travail.

Un crapaud traversa le pavé en sautillant. Il avait une peau bien trop grande pour lui qui faisait des plis partout. Il se glissa de l'autre côté dans les fraises. Sa peau était tellement flétrie qu'aucune feuille ne bruissa.

J'avais froid.

Le froid tordit mes pommettes. J'avais froid aux dents, froid aux prunelles de mes yeux. J'avais mal aux cheveux sur ma tête, je sentais qu'ils étaient profondément ancrés dans ma tête. Et mouillés jusqu'à la peau ou simplement froids, mais c'était la même chose. Et c'était peut-être à cause de leur longueur et de leur poids.

J'enfermai la nuit dans la cour. À l'intérieur la porte était chaude et sèche. Le bois me fit du bien aux mains. Je l'effleurai à plusieurs reprises et fus effrayée de constater que j'étais en train de caresser une porte. Je plaçai mes pieds l'un à côté de l'autre et quittai ensuite les souliers du père et marchai dans le couloir, en chaussettes sur les lattes du plancher, et mes chevilles me devancèrent en direction de la cuisine. J'ouvris la porte, encore toute tremblante, et la mère me demanda s'il faisait froid dehors, s'il faisait de nouveau froid dehors. Elle insista sur le mot de nouveau, et je me dis qu'il faisait froid, mais pas de nouveau froid, parce que chaque jour le froid est différent, toujours un autre froid, chaque jour un nouveau froid plein de gelée blanche. Tu as encore eu peur, dit-elle.

La mère et le père avaient dîné.

Grand-mère et grand-père étaient déjà dans leur chambre. On entendait la radio à travers la cloison.

Dans la cuisine sur la table les assiettes avec de la choucroute et de la saucisse fumée étaient dressées. Il y avait des bouts de couenne et des miettes de pain sur la table. Le père avait largement reculé sa chaise et s'était appuyé contre le mur. Il se curait les dents avec une allumette.

C'étaient les soirs où je pouvais peigner le père. Le père avait une chevelure épaisse. Je pouvais plonger les mains dedans jusqu'aux poignets. Les cheveux étaient secs et lourds. Parfois l'un d'eux se glissait sous ma peau, ça me faisait alors chaud ou froid.

Je cherchais les cheveux blancs. Ceux-là j'avais le droit de les arracher, mais il y en avait très peu. Quelquefois je n'en trouvais pas un seul.

J'avais le droit de faire une raie dans les cheveux du père et de les attacher avec un ruban et de mettre des barrettes en métal tout contre son crâne. J'avais le droit de lui poser des fichus sur la tête et des châles sur les épaules et des colliers autour du cou.

La seule chose que je ne devais pas faire, c'était lui toucher le visage.

Lorsque je le faisais quand même, lorsque cela se produisait par mégarde, le père arrachait ruban, barrettes, fichus, colliers et me repoussait d'un coup de coude en criant : va-t'en de là. Chaque fois je tombais et me mettais à pleurer, et à cet instant-là, je me disais que je n'avais pas de parents, que ces deux-là n'étaient personne pour moi, et je me demandais pourquoi j'étais dans cette maison, assise dans cette cuisine avec eux, je connaissais leurs casseroles et leurs habitudes, pourquoi je ne m'enfuyais pas finalement dans un autre village, chez des inconnus et je ne resterais qu'un petit moment dans chaque maison, puis j'irais ailleurs, avant que les gens aient eu le temps de devenir méchants.

Le père ne disait pas un mot. Je devais le savoir une fois pour toutes qu'il ne pouvait pas supporter des mains sur le visage. C'est ma mort.

Je souhaitais qu'une main lui pousse hors du nez, ou de la joue, demeure pour toujours sur son visage et qu'il ne puisse pas s'en débarrasser. Il ne se touchait le visage que pour le laver et c'étaient ses mains à lui, et il y avait davantage de savon et de mousse sur son visage que de mains. La colère du père contractait convulsivement ses mâchoires et son menton.

Il aurait aimé jouer avec toi, disait la mère, mais il faut toujours que tu gâches tout, et arrête enfin de pleurer.

Je voulus dire quelque chose, mais j'avais la bouche tellement remplie par ma langue qu'aucune parole n'en sortit.

Je regardai mes mains. Elles étaient devant moi sur le rebord de la fenêtre comme arrachées à coups de hache, complètement immobiles. Mes ongles étaient à nouveau sales. Je sentis ma main. La crasse n'avait pas d'odeur, pas plus que ma peau.

Je bougeai les doigts comme s'ils étaient très froids. Ils étaient sur le point de tomber sur le sol, mais je restais assise sur la chaise droite comme un piquet.

Le ruban rouge gisait à côté du pied de la table. Je le ramassai, le déposai sur le rebord de la fenêtre. Je le repris aussitôt dans ma main et l'écrasai. Je me nettoyai les ongles avec une barrette et remarquai comme ils étaient plats et larges.

Le père était assis derrière son journal. Il rampait dans les lettres d'imprimerie. Derrière le mur la radio de grand-père parlait d'Adenauer. La mère était assise derrière un chiffon blanc. L'aiguille montait et descendait entre son front et ses genoux. Le père et la mère parlaient très peu, et dans ce peu, des vaches et d'argent. Le jour ils travaillaient et ne se voyaient pas, et la nuit ils dormaient dos contre dos et ne se regardaient pas.

La mère cousait un torchon mural. Le fil d'étendage avait laissé des taches de rouille sur celui qui était au-dessus du fourneau et il était élimé. La femme au-dessus du fourneau n'avait qu'un œil. Son autre œil et une partie de son nez étaient restés dans la machine à laver. La femme tenait à la main un plat et une cuiller en bois et avait une fleur dans les cheveux.

Elle portait, ce qui me plaisait beaucoup, des souliers à talons. Sous ses souliers on pouvait lire la maxime : *Mon cher époux, je te conseille d'éviter le bistrot, le vin et la bière. Sois toujours pour dîner à la maison, aime ta petite femme, sinon ce sera terminé.*

La mère avait de nombreux torchons muraux dans la maison. Dans la cuisine au-dessus de la table il y en avait un avec des pommes et des poires, une bouteille de vin et un poulet rôti sans tête. En dessous cette phrase : *Un bon repas fait oublier ses traces.* Cette maxime plaisait à tout le monde. La mère dut la recopier plus d'une fois sur un bout de papier journal pour des visiteurs parce qu'ils voulaient eux aussi la broder.

La mère disait que les torchons muraux sont très instructifs.

La mère ne cousait que le soir quand toute la maison avait été nettoyée et qu'il faisait telle-ment froid et tellement nuit dans la cour qu'on ne pouvait pas sortir.

Dans la journée, la mère n'avait pas le temps de coudre. Et chaque jour elle disait à maintes reprises que le temps lui manquait, qu'elle ne viendrait jamais à bout de tout ce travail. Coudre n'était pas un travail, c'est pourquoi elle cousait le soir.

La mère ne s'arrêtait jamais de trimer. Mais les gens du village ne la félicitaient pas pour son zèle. Ils ne parlaient que de la voisine, disaient qu'elle n'était bonne à rien, qu'en pleine journée elle lisait des livres, que chez elle tout allait à vau-l'eau et que son mari ne valait rien non plus parce qu'il tolérait tout cela.

La mère glisse à genoux sur le sol.

Je ne la reconnais pas parce qu'elle est de plus en plus elle-même, de plus en plus un fait.

Les lattes du plancher étincellent de propreté devant elle.

Les yeux de la mère regardent de-ci de-là. Ils ont une pupille noire qui pivote sur elle-même. La mère aurait de beaux yeux tranquilles si elle n'était pas toute la journée en train de faire quelque chose.

Les regards de la mère vont tantôt vers le seau, tantôt vers le plancher.

Une nuit la mère a rêvé qu'il y avait du sable

sur le plancher et le matin elle a raconté son rêve en pouffant de rire, mais ses images étaient imprimées sur sa peau fatiguée.

À force d'être lavées chaque jour les lattes du plancher avaient pourri dans toute la maison. La vrillette avait échappé à l'humidité en se réfugiant dans les portes, les plateaux des tables, les poignées des portes. Dans les cadres des photos de famille elle creusait des rainures pleines de sciure. La mère balayait la sciure avec un balai neuf.

Elle achetait tous ses balais à Heinrich, le fabricant de balais. Leurs manches étaient rêches et maculés de taches grasses et couverts de sucre brûlé. La femme du fabricant de balais faisait chaque jour des gâteaux. Un jour c'étaient des beignets, le lendemain des pognes au sucre. La pâte sentait la levure, même quand le gâteau était déjà cuit.

La maison était pleine de levure et de sucre répandu partout. Sur le fourneau il y avait une petite casserole de lait avec de la levure ramollie. Le lait formait sur le bord une grosse bulle trouble qui ressemblait à un œil au regard soupçonneux.

La femme du fabricant de balais avait sept chats à la maison. Ils n'avaient pas de nom, mais chacun savait qui était l'autre et le fabricant de balais et sa femme le savaient aussi. Le plus jeune dormait dans le panier à œufs et jusqu'ici il n'avait pas cassé un seul œuf. Le plus âgé dormait sur le piètement de la table. Son ventre pendait des deux côtés de la planche. Il ronflait et le fabricant de balais expliquait chaque fois que son âge en était la cause. Et quand on lui demandait quel âge il pouvait bien avoir, il disait qu'il était très âgé en détournant le regard et cherchait rapidement un travail à faire, en se courbant, il avait alors la tête en bas et le derrière en haut.

On noyait les chatons qui venaient au monde en hiver dans un seau d'eau bouillante et ceux qui naissaient en été dans un seau d'eau froide. Après avoir été noyés, ils étaient enfouis hiver comme été au beau milieu du tas de fumier.

En été les joncs des balais étaient épais et hauts. Leurs tiges dépassaient la maison. Quand le vent pénétrait dedans, il ne trouvait plus le bout du jardin. Il était pris au piège et quand il voulait se dégager, il se déchirait.

La nuit un bruissement provenant du jardin se faisait entendre, le fabricant de balais sortait de son sommeil, allait dans la cuisine et marchait de long en large sur le tapis.

Le lendemain matin il coupait à la faucille les jambes des joncs et les attachait en fagots.

Il coupait, buvait, coupait. Vers le soir il regardait dans le vide, buvait, et regardait dans le vide, buvait, buvait encore et était toujours dans le jardin alors que les rameaux étaient depuis longtemps en fagots et par terre. Il portait toujours sa bouteille de gnôle dans son manteau. Même la sueur et l'urine qu'il laissait ruisseler dans le jardin sentaient la gnôle.

Le vent tripotait sa chemise mouillée de sueur.

Le jardin, vide, était comme un grand creux. Les souliers du fabricant de balais ne parvenaient pas à en trouver la sortie. Ses genoux se heurtaient quand il marchait. Ses pieds se prenaient l'un pour l'autre. Il voyait plusieurs souliers devant lui qui n'avaient rien à voir avec lui, et il continuait à marcher dessus avec des souliers qui avaient tout aussi peu à voir avec lui. Aucun de ces nombreux souliers n'était ses souliers, aucune de ces nombreuses jambes n'était ses jambes.

Il s'appuyait contre la clôture et regardait le village. On aurait qu'il n'avait jamais été construit, qu'il avait été posé là comme apporté d'ailleurs.

Maintenant les chats dorment, ronronnent et mangent leur pâtée dans la maison. Lorsqu'ils sortent de la cour, ils passent le seuil le poil ébouriffé et les pattes raides. Ils hérissent leurs poils jusqu'à ce qu'un peu de chaleur pénètre à nouveau dans leur corps.

Le soir ils forment un cercle autour des pattes arrière de la vache et regardent les mains de la femme du fabricant de balais en train de traire. Leurs viscères sont noués et ils se mordent la langue d'impatience.

Leur regard reste fixé sur les doigts en train de traire. Du pis jaillit du lait blanc. Leurs yeux deviennent fixes et clairs comme des raisins. La femme du fabricant de balais coince le seau entre ses jambes. Elle se mord la lèvre inférieure. Sa bouche est comme un trait, aussi dur et aussi mince. La veine à la base de son nez enfle, elle presse son front contre le ventre de la vache. La vache penche la tête dans la mangeoire et mange. Parfois sa queue pleine de bouse décrit un vague cercle. Ses pattes sont fichées dans la paille.

La femme du fabricant de balais repousse le tabouret de vacher. Elle soulève le seau. De son bec elle fait couler le lait mousseux dans un grand bol. Elle coupe une tranche de pain.

Elle pose le bol par terre. Les chats sautent par-dessus son bras et se bousculent autour du bol. Ils gémissent d'impatience. Leurs langues se font longues et rouges. Les chats les plus chétifs restent en dehors du cercle. Ils regardent de loin comme si regarder suffisait à leur remplir le ventre.

Les nuits d'hiver les chats grimpent l'escalier du grenier jusque sous le toit. Ils portent devant eux leurs yeux de braise. Ils feulent dans les coffres à farine et vont se promener dans le fumoir. Ils s'appuient contre le lard fumé et lèchent ses bords salés. Des carapaces de chitine et de guêpes sont accrochées à leurs moustaches lorsqu'ils redescendent dans la maison. Et dans les oreilles ils ont de la graisse sale.

Les balais terminés étaient toujours placés contre le mur du couloir, le manche tourné vers le bas. Les chats se faufilaient entre eux et quand un balai tombait un nuage de poussière s'élevait de la terre battue et le chat sautait d'un bond par-dessus le portillon du couloir.

Chaque mois, la mère s'achetait l'un de ces balais appuyés contre le mur. Ces balais sentaient toujours les beignets et l'alcool de prune et ils étaient toujours poussiéreux et pleins de petites araignées.

La mère allait avec le balai qu'elle venait d'acheter, dès qu'elle avait franchi le portail de la ruelle, tout droit vers la pompe et l'aspergeait à grande eau. L'eau coulait claire sur le balai et s'écoulait toute sale dans la cour.

La mère tapait le balai contre la clôture si bien que toutes les lattes gémissaient et des joncs jaillissaient des petits grains brillants qui tombaient sur le pavé et roulaient pendant un moment sur les pierres. Lorsqu'ils se figeaient, on ne les voyait plus. Alors ils ne brillaient plus.

Avec son nouveau balai la mère balaie d'abord les murs.

La mère a un balai pour la chambre, un balai pour la cuisine, un balai pour la cour devant la maison et un pour la cour derrière, un balai pour l'étable, un pour la porcherie et un pour le poulailler, un pour le bûcher, un pour la grange, un pour le grenier, un pour le fumoir et deux pour la rue, un pour le pavé et un pour l'herbe.

La mère a plusieurs balais d'été pour les feuilles qui tombent sur le sol, plusieurs balais d'hiver pour la neige qui recouvre la cour et les rues. Tous ces balais ont un long manche. La mère a aussi plusieurs balais aux manches courts. La mère en a un pour les miettes de pain dans le tiroir de la table, un pour battre les tapis sur le rebord de la fenêtre, un pour l'espace entre les deux parties du lit conjugal, un pour les vêtements dans l'armoire, un balai pour enlever la poussière sur le haut de l'armoire.

Avec ses balais la mère tient toute la maison propre.

La mère balaie la poussière de l'horloge murale. Elle ouvre la porte de l'horloge et balaie aussi le cadran. La mère balaie le pot à eau, les bougeoirs, l'abat-jour de la lampe, les étuis à lunettes et les boîtes à médicaments avec le plus petit de ses balais. La mère balaie les boutons du poste de radio, la couverture du livre de prières et les photos de famille.

La mère balaie les murs avec son nouveau balai à long manche.

Aux araignées elle arrache leur toile de leur corps. Les araignées fuient sous les meubles. La mère les trouve là aussi, elle s'allonge à plat ventre et les écrase du pouce.

La mère accroche un torchon propre contre le mur. *Le monde appartient à ceux qui se lèvent tôt.* Au-dessus de cette maxime on peut voir un oiseau en laine verte, le bec très grand ouvert. Je connais cet oiseau depuis que j'ai appris à voir. Je ne l'ai entendu que bien plus tard. Il chante seulement quand il n'y a personne dans la pièce. Dès que quelqu'un entre, il s'arrête de chanter. Mais il garde le bec grand ouvert même quand il ne chante pas.

Pourtant une fois il a fermé son bec. J'ai accouru très vite et appelé grand-mère. Mais quand je me suis trouvée avec elle près du lit, son bec était à nouveau grand ouvert. L'oiseau m'a fait un clin d'œil. Mais ça je ne l'ai pas dit à grand-mère, elle était de toute façon très fâchée car je l'avais fait venir de l'arrière-cour pour rien, elle me tira l'oreille de sa main dure en criant : je vais t'arracher les oreilles de la tête.

La mère retire les battants de la fenêtre de leurs gonds et les lave dans un grand baquet en fer-blanc. Ils sont si propres qu'on voit dedans tout le village comme dans le miroir de l'eau. On dirait qu'ils sont eux aussi en eau. On croirait que le village lui aussi est de l'eau. On a le tournis quand on regarde longtemps le village dans la vitre.

Tout est propre. La mère plonge dans l'obscurité les chambres, les vestibules. La maison tout entière est inhabitée et sombre. Les mouches elles aussi s'envolent perturbées en bourdonnant par la dernière porte ouverte. La mère ferme aussi cette porte. Elle reste un moment comme enfermée dehors dans la cour. Le soleil vif l'aveugle un moment. La mère tient sa main devant ses yeux comme une visière de casquette.

La mère entend quelque chose piailler dans la gouttière du toit. Des moineaux se sont fait un nid. La mère apprend à nouveau à voir. Elle va aussitôt dans l'arrière-cour chercher la grande échelle.

Le nid est petit et branlant. Il est accroché au balai et tombe au sol. Des cris dans une peau grise et plissée dégringolent sur le sol. Le chat, assis sur ses pattes arrière, a la queue immobile étendue toute droite derrière lui. Les oisillons piaillent encore dans sa gorge. Ils se défendent encore dans son estomac. Le chat regarde tranquillement le soleil.

Je suis sous l'abricotier. La terre est jonchée de crottes de chenilles. Ces grosses chenilles aux poils verts tachetés de bleu viennent parfois jusque dans la cour. Leurs viscères aussi sont verts. Je crie quand je vois une chenille et grand-père accourt pour l'écraser. Elles grimpent sur les arbres malades, dit grand-père. Nos abricotiers sont malades. Je regarde les abricots jaunes et je me dis qu'ils sont malades. Je mange un abricot jaune et je voudrais attraper la maladie des abricots. Je regarde grand-père. Il a la maladie des abricots. Grand-père retourne à son travail.

La mère est toujours sur la grande échelle. Les barreaux écrasent et élargissent ses plantes de pied. La mère avec les plantes de ses pieds se tient au-dessus de moi. Elle m'écrabouille le visage. Se place sur mes yeux et les enfonce. La mère écrase mes pupilles dans le blanc de mes yeux. La mère a des taches de mûres bleu foncé sur ses plantes de pied.

La mère me jette un regard en coin. La moitié de son visage est grande et froide comme une demi-lune. La mère n'a plus que cette moitié de visage et dedans l'œil est aussi mince qu'une fissure. L'échelle est branlante et la mère se balance au-dessus du village. La mère peut toucher de la main les morts qui sont au ciel.

L'air est chaud au-dessus du village, il n'y a pas d'oiseaux dans le ciel, c'est la fin de l'après-midi.

Le portail de la ruelle grince. Le père entre. Le père est déjà là. Le père peut aujourd'hui marcher droit. Le père n'est pas saoul. Mon cœur bat de joie. J'attends le soir. À ma joie se mêle la peur. Mon cœur bat de peur dans la joie, de peur de ne plus jamais éprouver de la joie, de peur que la peur et la joie soient une seule et même chose.

Au dîner, j'essayai de manger. Mes dents étaient désaccordées. Dans ma bouche la salive avait un goût, on aurait dit que ce n'était pas la mienne. Même l'eau que je voulus boire resta coincée dans ma gorge.

Peut-être ce soir sera-t-il l'un des rares soirs tranquilles. Peut-être pourrai-je peigner le père, peut-être trouverai-je un cheveu gris que j'arracherai avec sa racine.

Peut-être pourrai-je nouer un nœud rouge dans les cheveux du père. Aujourd'hui je n'effleurerai pas ses tempes.

Je ne touche plus jamais le visage du père. C'est sa mort.

Grand-mère était tombée une fois de plus sur les pavés près du puits et j'avais ri longuement. Je savais aussi que ce n'était pas à cause des pavés, mais à cause de mon rire qu'elle n'était pas tombée si durement.

Cette fois-là grand-mère dut avoir le bras plâtré. Tout l'été. Au bout du plâtre sa main dépassait, une main bien réelle. Le plâtre de grand-mère était très beau. Il était très blanc, avait aussi l'air solide. Je dis un jour à grand-mère qu'il lui allait bien. Elle sa fâcha et jeta sa pantoufle sur moi. Elle ne me toucha pas, mais je me mis à pleurer.

Avec le temps le plâtre de grand-mère s'était sali. Le médecin de la ville qui lui avait fait ce plâtre avait un visage boursouflé et très blafard. Lorsqu'il vit le plâtre de grand-mère son visage s'agrandit encore plus.

Sur le plâtre il y avait quelques éclaboussures de bouse, quelques traces vertes des feuilles de tomate, de nombreuses taches bleues des prunes et quelques taches de gras. Tout un été était écrit dessus et le médecin sembla avoir quelque chose contre cet été. Il lui fit un nouveau plâtre. Le premier plâtre était plus beau. Ce nouveau plâtre ne me plut pas. Il était blanc comme neige, et grand-mère avait l'air gauche avec.

Ce jour-là grand-mère m'avait emmenée avec elle en ville.

Avec son nouveau plâtre nous nous rendîmes dans un parc. Grand-mère me donna du pain blanc et du salami à manger. Devant notre banc des pigeons trottinaient de long en large. Ils n'avaient pas peur de moi et picorèrent immédiatement le pain que je leur jetai.

Grand-mère secoua son tablier pour enlever les miettes de pain, nous nous levâmes, et j'eus droit à une grande glace rouge et rose, mais grand-mère souligna, avant que je commence à la lécher, que je ne la méritais pas, car dans le train je n'étais pas sagement restée assise à ma place. Je voulais cueillir les coquelicots rouges dans les champs, je voulais que le train s'arrête. Ça n'aurait pas pris très longtemps. Je savais cueillir des fleurs rapidement. Mais le train roulait comme un fou et passait devant tous les coquelicots rouges.

À chaque fois que je descendais avec grand-père dans la vallée pour ramasser du sable, un train passait le long du fleuve encore plus beau que le précédent. Je l'entendais de loin. Il produisait des sons profonds, rythmés, et il y avait des têtes aux fenêtres. De joie je sautais en l'air et leur faisais signe. Et les mains aux fenêtres me faisaient signe en retour. Elles étaient déjà très loin, mais continuaient à me faire signe.

Parfois c'étaient des femmes qui étaient aux fenêtres, elles portaient de belles robes d'été. Je ne voyais jamais très nettement leurs visages, pourtant je savais qu'ils étaient aussi beaux que leurs robes et que ces femmes ne descendraient jamais dans notre gare qui était trop petite pour elles, parce qu'elle était toute petite. Elles étaient tout simplement trop belles pour descendre dans cette gare.

Je ne voulais pas leur faire peur en leur faisant signe, peut-être étaient-elles timides. Et à force de leur faire signe, mes mains devenaient de plus en plus lourdes et retombaient le long de mon corps.

J'étais là, à côté du train vrombissant, et je regardais ses roues, et j'avais le sentiment que le train sortait de mon cou, mais qu'il lui importait peu de me déchirer les entrailles et que je meure. Il conduit ses belles femmes en ville et moi, je vais mourir ici à côté d'un tas de crottin sur lequel les mouches bourdonnent.

J'attendais ma mort. Il fallait que je m'effondre. La tête dans l'herbe, c'est tout.

J'allais en quête d'un coin de prairie sans

cailloux. Je voulais tomber sur le dos pour éviter de m'égratigner le visage. Je voulais me rafraîchir dans l'herbe molle, être une belle morte.

Et certainement ils m'enfileront une belle robe neuve quand je serai morte.

On était en plein midi et la mort ne venait pas.

Je m'imaginais qu'ils allaient se demander pour quelle raison j'étais morte de façon si inattendue. La mère me pleurera beaucoup et tout le village verra combien elle tenait à moi.

Mais la mort ne venait pas.

Depuis l'herbe haute l'été répandait le lourd parfum de ses fleurs au-dessus de moi. Les fleurs sauvages se glissaient sous ma peau. J'allai à la rivière et me fis couler de l'eau sur les bras. Des hauts buissons jaillirent de mes bras. J'étais un beau paysage de marais.

Je m'étendis dans l'herbe haute et me laissai ruisseler dans la terre. J'attendis que les grands saules s'approchent de moi par-dessus la rivière, qu'ils me frappent de leurs branches et que leurs feuilles se répandent sur moi. J'attendis qu'ils disent : tu es le plus beau marais du monde, nous venons tous près de toi. Nous apportons aussi nos grands oiseaux aquatiques élancés, ils vont voleter et chanter en toi. Et il ne faut pas pleurer, car les marais doivent être courageux, et puisque tu t'es liée à nous, il te faut supporter.

Je voulus grandir pour que les oiseaux aqua-

tiques avec leurs grandes ailes aient de la place
en moi, de la place pour voler. Je voulus porter
les plus beaux boutons d'or, car ils sont eux
aussi lourds et brillants.

Grand-père avait déjà pelleté une montagne
de sable sur la rive. Je ramassai des coquilles
ouvertes. Je les portai près de l'eau et m'en ser-
vis pour boire. Elles étaient blanches et lui-
santes comme de l'émail, et l'eau était pleine
de sable jaune et de bestioles minuscules qui
ressemblaient elles aussi à de la terre, mais fré-
tillaient.

J'avais du sable entre les dents. Je le croquai
et ça crissa et craqua entre langue et palais. Je
sus subitement comme la mort devait être dou-
loureuse pour un coquillage.

J'avais du sable dans mon pantalon. Il me
grattait quand je marchais, et c'était la même
douleur que quand les coquillages mouraient.

J'entrai dans l'eau jusqu'au ventre. Mon pantalon fut mouillé et gonfla. L'eau faisait partie
de mon ventre. Je passai ma main sous l'élas-
tique de mon pantalon et lavai le sable.

J'eus l'impression de faire quelque chose de
défendu, mais personne ne me voyait. Grand-
père surveillait son sable qui tombait continuellement sur la rive. Pourtant Dieu est partout.
Cette phrase, que j'entendais constamment au
catéchisme, me vint à l'esprit. Je cherchai Dieu
dans les arbres et finis par le trouver avec sa

grande barbe blanche tout là-haut au-dessus du feuillage, tout là-haut dans l'été.

La mère de Dieu avait toujours le doigt levé quand j'étais assise tout devant sur le banc des enfants. Mais en même temps elle avait toujours un visage amical et je n'avais pas peur d'elle. Elle portait toujours aussi cette longue robe d'un bleu lumineux et avait de jolies lèvres rouges. Et quand le curé disait que les rouges à lèvres sont fabriqués avec le sang des puces et d'autres bestioles horribles, je me demandais pourquoi la mère de Dieu sur l'autel latéral se colorait les lèvres. Je posai aussi la question au curé, et il me tapa sur les mains avec sa règle jusqu'à ce qu'elles soient toutes rouges et me renvoya à la maison. Ensuite je ne pus plus plier les doigts pendant plusieurs jours.

J'allai dans le jardin derrière la meule de paille, et je m'allongeai dans le trèfle et regardai l'été là-haut. Aucun nuage par cette très chaude journée et je ne trouvai pas la barbe de Dieu dans le vaste monde. Ce jour-là, Dieu n'était pas partout.

Grand-père était encore en train de pelleter le sable de la rivière. Ses caleçons qui descendaient jusqu'aux genoux flottaient au vent et lui collaient aux jambes. Entre ses cuisses ils ressemblaient à des palmures.

Je vis un épais renflement sous la toile. Il se trouvait à l'endroit où grand-mère avait sa touffe de poils. C'était donc là le grand secret des adultes.

Grand-père avait beaucoup de poils sur la poitrine, les jambes et les bras et les mains. Sur le dos il avait deux grandes omoplates poilues.

Les poils de grand-père étaient mouillés et collaient à sa peau. On aurait dit qu'on l'avait léché. Ses poils n'étaient ni laids ni beaux, donc ils ne servaient à rien, me dis-je.

Et les orteils de grand-père étaient très longs et très déformés par plusieurs boules de peau dure. J'étais soulagée quand grand-père les gardait dans l'eau.

Lorsqu'il soulevait un pied pour jeter le sable loin de la rive, je voyais comme son pied était blanc et délavé, comme un corps mort rejeté sur la rive.

Sans crier gare grand-père laissa tomber la pelle et me sortit précipitamment de l'eau. Devant lui ondulait un serpent noir et mince. Il était très long, et son corps faisait des vagues. En nageant il tenait sa petite tête pointue hors de l'eau.

Il avait un corps comme un rameau à la dérive, il était seulement beaucoup plus lisse et brillant. Grand-père l'avait vu de loin.

Je crois qu'il était très froid.

Grand-père lui barra la route avec sa pelle. Il l'accrocha sur le manche et le jeta sur son sable le long du rivage.

Il était beau et dégoûtant, et tellement mortel que j'eus peur pour sa vie, et je ne pus pas souhaiter sa mort.

Avec sa pelle grand-père lui coupa la tête.

Subitement je ne voulus plus être un marais.

Grand-père continuait à pelleter le sable hors de la rivière.

Le cheval broutait l'herbe haute le long des rails du chemin de fer. Son corps et sa tête étaient pleins de boules de bardane qui s'y étaient collées.

Le soir faisait paraître la rivière plus profonde. Dans la vallée il faisait encore clair comme en plein jour. Mais la rivière était déjà sombre et l'eau était déjà lourde.

Grand-père sortit de la rivière et remplit la carriole de sable.

Il mena le cheval à la rivière et le laissa boire tout son saoul.

Il pencha si profondément son long cou et but goulûment tellement d'eau qu'il m'était impossible de me représenter comme son ventre était profond. Mais je savais qu'il pouvait boire toute une pluie quand il avait soif.

Grand-père l'attelait à présent à la carriole et nous roulâmes vers le haut de la colline jusqu'au village. L'eau dégouttait à travers les lattes de la carriole. Il y avait encore beaucoup d'eau de la rivière dans le sable. Nous laissions derrière nous une trace de la carriole, une trace d'eau, une trace de sable et une trace du cheval.

Arrivé près du portail, grand-père sauta à terre et l'ouvrit tout grand. Nous entrâmes dans la cour.

Ici à la maison tout était sec. C'était de la terre ferme dans la cour.

Grand-mère arrivait du potager avec un panier en osier. Elle avait encore trouvé une marmite dans le dépotoir derrière les prunelliers.

Elle la remplit de terre et y planta un géranium.

Les géraniums de grand-mère étaient aussi inexpressifs que des fleurs en papier, et pour grand-mère il n'y avait rien de plus beau que des géraniums dans une marmite.

Elle avait une étagère pleine de géraniums dans le couloir, une étagère pleine de géraniums à côté de la porte du couloir près de l'escalier, une étagère pleine de géraniums à côté de la porte du jardin dans la cour.

Elle avait une fenêtre de chambre et une fenêtre de cuisine pleines de géraniums dans des marmites. Et le tas de sable à côté de la porcherie était plein de semis de géraniums. Toutes les poutres de la maison étaient pleines de géraniums.

Les géraniums de grand-mère fleurissaient toute une vie.

Grand-père ne dit jamais mot à ce sujet. Il ne prononça jamais de sa vie le mot géranium. Il trouvait les géraniums ni beaux ni laids. Ils n'avaient pour lui aucune raison d'être, comme pour moi les poils sur sa peau n'avaient aucune raison d'être. Ou il ne les voyait tout simplement pas.

Lorsque grand-père mourut, grand-mère porta tous les géraniums qu'elle avait rassemblés dans la chambre du défunt.

Le corps de grand-père était exposé au milieu d'une forêt de géraniums dans des marmites. Et ils n'avaient pas à présent de raison d'être. Grand-père ne dit jamais mot à ce sujet.

Et après la mort de grand-père quelque chose changea : grand-mère n'apporta plus à la maison ni géraniums ni marmites.

Mais les géraniums et les marmites qu'elle avait rassemblés jusque-là, elle les a encore aujourd'hui.

Ils sont déjà vieux. Ils sont très vieux, mais ils sont de plus en plus beaux, et ils fleurissent toute une vie.

Je m'étais réveillée. Grand-père s'était remis à donner des coups de marteau. J'entendais comme le son du marteau dans la cour devenait strident. Pendant un instant tout était sens dessus dessous, et puis tout se calmait. Même l'air faisait du bruit, les brins d'herbe aussi faisaient du vacarme.

Maintenant je n'avais plus sommeil du tout. Dans la pièce voisine grand-mère chassait la chaleur en frappant à grands coups sur les lits et du duvet fusait dans l'air et se glissait dans ses yeux.

Ensuite grand-mère emportait le pot de chambre plein dans l'arrière-cour en laissant derrière elle une chaîne de gouttelettes dans la chambre, le vestibule, le couloir, la cour.

Pendant la journée, le pot de chambre était sous le tabouret entre les deux lits conjugaux. Un journal le recouvrait, et on ne le voyait pas, mais on le sentait quand on entrait dans la chambre.

Toutes les nuits j'entendais dans la chambre voisine l'urine de grand-mère ruisseler dans le pot. Quand le bruit n'était pas fort régulier, et qu'il y avait de petites interruptions, je savais que c'était grand-père qui était au-dessus du pot. Grand-mère se réveillait toutes les nuits à deux heures et demie, se glissait dans ses pantoufles en feutre et s'asseyait sur le pot. Et si une nuit elle ne se réveillait pas à deux heures et demie, elle ne se réveillait plus jusqu'au matin et je savais qu'elle était plongée dans un sommeil profond et mauvais, et qu'elle allait passer les trois jours suivants malade, au lit.

Rien ne lui faisait mal ou plutôt tout, et elle tombait du sommeil dans un demi-sommeil et du demi-sommeil dans le sommeil. Le quatrième jour elle sortait du lit de bon matin, et se remettait directement au travail domestique et faisait résonner le bruit des casseroles jusque tard dans l'après-midi, et le soir déclinant se passait en lessive, vaisselle, balayage et à arracher les mauvaises herbes du jardin.

Grand-mère avait le plus beau pavot du village. Il était plus haut que la clôture et couvert de lourdes fleurs blanches. Quand le vent se levait, les longues tiges se heurtaient, les fleurs se mettaient à trembler mais aucun pétale ne tombait au sol.

Grand-mère portait les pétales blancs dans ses yeux. Elle arrachait chaque brin de mauvaise herbe de la plate-bande.

Lorsque les têtes des pavots étaient jaunes comme de la paille et sèches, elle prenait le plus grand des couteaux dans le tiroir et les coupait toutes et les mettait dans un grand panier en osier. Elle laissait les casseroles tomber quand elle faisait la cuisine, les assiettes se brisaient dans sa main, les verres volaient en mille morceaux devant elle sur le sol, les torchons de vaisselle sentaient mauvais et ne séchaient plus d'un jour à l'autre, les lames de couteau étaient ébréchées, les chats somnolaient sur les chaises dans la cuisine, ronronnaient et ronflaient. Derrière son aiguille, grand-mère racontait les pavots de son enfance.

Mon arrière-grand-mère, qui maintenant est accrochée dans un cadre au-dessus du lit de grand-mère, avait vidé d'un seul coup trois têtes

de pavot dans le gosier de grand-mère. Grand-
mère tomba dans un sommeil profond. Les
parents et les domestiques allèrent au champ et
la laissèrent endormie à la maison, et lorsqu'ils
rentrèrent le soir, ils la trouvèrent encore plongée dans le sommeil.

On lui donna aussi des crottes de corneille qui
avaient le goût du plâtre, étaient crayeuses et
piquantes. Les morceaux grattaient la langue et
cela provoquait un long sommeil profond, aussi
noir que les corneilles.

Au frère de grand-mère, le regretté Franz, on
mit un jour un morceau de crotte de corneille
trop gros dans la bouche et il ne se réveilla pas.
Il était devenu tout raide et son visage s'était
couvert de taches bleues. Et comme il ne voulait
rien d'autre que dormir, on l'avait porté en terre
sans cérémonie, sans musique, dans un cercueil
en bois rugueux fabriqué à la maison avec les
planches d'une caisse de pots de confiture.

Le garçon d'écurie l'emmena dans sa brouette
au cimetière, dans la poussière des rues, dans le
vide du village. Personne ne remarqua au village
que quelqu'un était mort. À la maison non plus
personne ne le remarqua. Il y avait encore assez
d'enfants, plein la chambre, plein la grande
salle, plein le banc le long du poêle. En hiver ils
allaient un par un au village, à tour de rôle à
l'école, car il n'y avait pas suffisamment de souliers à la maison pour tous les pieds. Dans cette

maison on ne pouvait manquer à personne. Si l'un n'était pas là, de nombreux autres étaient là.

Aujourd'hui les gens n'ont qu'un enfant à la maison, et il a sept paires de souliers, à quoi ça rime. La maison est vide, et les souliers sont là, et ils sont toujours étincelants et propres parce que l'enfant ne doit plus marcher dans la boue, et quand il pleut on le prend dans les bras et on le porte.

Grand-mère toussote et ne dit plus un mot pendant des heures. Il arrive qu'elle fasse les cent pas dans la maison en chantant *Les yeux des femmes ont la couleur du bleuet quand elles pleurent* ou *quand elles boivent*. Elle chante une fois *pleurent*, une fois *boivent*. Et dans sa mémoire, elle conserve cent plates-bandes pleines de pavots, et toutes leurs fleurs blanches qu'il n'y a jamais eu au jardin se fanent sur son visage et tombent au sol. Et toutes les graines de pavot noires ruissellent de ses jupes qui sont si lourdes qu'elle peut à peine marcher tant il y a de pavots.

La mère pleure. Elle parle en pleurant autant qu'elle pleure, autant qu'elle parle, et attrape toujours un rhume d'eau et de verre qu'elle essuie à sa manche.

Le père est à nouveau saoul. Il allume le téléviseur et regarde l'écran vide. Ça scintille seulement de l'intérieur et de ce scintillement jaillit la musique. Et le visage du père est aussi vide que l'écran, la mère dit, éteins le téléviseur, et le père baisse seulement le son, il laisse l'écran continuer à scintiller et se met à chanter une chanson, la chanson des *Trois Camarades qui s'en vont vivre leur vie.*

En prononçant *s'en vont* la voix du père se fait plus forte et il montre la rue à travers la vitre. Le pavé est jonché de crottes d'oie. Où sont-ils donc restés dans le vaste, vaste monde ? La voix du père devient plus douce. Le vent les a chassés parce que tout le monde, tout le monde les a laissé tomber. Le vent du village tremblote au-dessus des brins d'herbe et des crottes d'oie. Le père a le visage, les yeux, la bouche, les oreilles remplis de sa propre chanson fruste. Le père est un animal triste comme la mort.

La cuisine est emplie de vapeur. De la marmite de betteraves une fumée malodorante s'élève de nouveau vers le plafond et engloutit nos visages.

Nous regardons dans le brouillard chaud qui est lourd et pèse sur le sommet de nos crânes. Nous ne voulons pas voir notre solitude, nous ne voulons pas nous voir et nous ne supportons ni les autres ni nous-mêmes, et les autres à côté de nous ne nous supportent pas non plus.

Le père chante, le visage du père tombe en chantant sur la table, sacré nom de nom, nous sommes une famille heureuse, sacré nom de nom, le bonheur s'évapore dans la marmite de betteraves, sacré nom de nom, la vapeur nous arrache la tête, le bonheur nous arrache la tête d'un coup de dents, sacré nom de nom, le bonheur nous bouffe la vie.

Mon visage tombe dans les pantoufles en feutre béantes de grand-mère. Là je ne suis pas abandonnée, là il fait sombre, là c'est la sécurité noire dans laquelle on n'est pas contraint de respirer, là c'est le lieu où l'on peut étouffer, de soi-même. La mère pleure et parle, la mère parle et pleure. La mère parle en pleurant et pleure en parlant.

Le chant du père et les paroles de la mère se mélangent. Et ils prononcent tous les deux le mot « seul » quand ils veulent dire « solitaire ». Tous les deux et les gens du village ne connaissent pas le mot « solitaire », ils ne savent pas qui ils sont.

En pleurant la mère prononce de longues phrases qui ne veulent pas s'interrompre et si elles m'étaient indifférentes, elles seraient belles. Mais elles contiennent ces mots lourds et le père se remet à chanter sa chanson et en chantant il prend le couteau dans le tiroir, le plus grand des couteaux et j'ai peur de ses yeux et le couteau coupe tout ce que je veux penser.

La mère s'arrête subitement de parler, le père a déjà levé le couteau et menace. Mon père chante et menace avec le couteau, et la mère, la gorge nouée, ne fait plus que geindre tout doucement.

Ensuite elle pose encore une assiette blanche sur la table déjà dressée, et met une cuiller dedans avec tant de précaution qu'on ne l'entend pas du tout toucher le bord de l'assiette.

Je crains que la table ne s'effondre, qu'elle ne s'écroule avant que nous nous asseyions autour, ou pendant le dîner.

Grand-père vient de l'arrière-cour, et il a de la boue et de l'herbe collées à ses souliers. Dans la poche de sa veste les clous tintinnabulent.

Tous les vêtements de grand-père sont pleins de clous, même les poches de ses vêtements du dimanche sont pleines de clous. Un jour la mère a même trouvé un clou dans son pyjama, ce qui l'a mise en colère et elle a rempli la maison de ses cris.

Dans chaque coin de la maison il y a des caisses et des boîtes avec des marteaux et des clous. Quand grand-père tape avec son marteau on entend deux sons en même temps, l'un fait par le marteau, l'autre vient du village. Toute la cour avec son sol dur comme la pierre résonne. Les délicates dents blanches des camomilles tombent. Je sens le poids de la cour sur mes orteils, la cour pèse sur mes pieds, la cour me frappe aux genoux quand je marche. La cour est dure et grande et envahie de mauvaises herbes.

Grand-père aime à parler de ses marteaux et de ses clous, et il dit aussi de plus d'un individu qu'il est marteau.

Les clous de grand-père sont neufs et pointus et brillants. Et ses marteaux sont massifs et lourds et rouillés et ils ont des manches bien trop gros.

Parfois le village est un caisson gigantesque entouré de clôtures et de murs, grand-père plante ses clous dedans.

On marche dans la rue et on entend les coups de marteau, ça sonne et résonne. Une clôture renvoie l'écho vers l'autre. On erre entre les clôtures. L'air tremble, l'herbe tremble, les prunes bleues chuchotent dans les arbres. Et c'est le plein été. Et la mère a encore ses mains pour trimer, grand-mère a son pavot et se déplace difficilement dans la maison, grand-père soigne sa vache et a ses clous, et le père cuve sa cuite d'hier et recommence aujourd'hui à boire.

Et Wendel n'a toujours pas appris à parler et dans les rues on lui jette du sable et des pierres et on le fait tomber dans des flaques d'eau et dans des fossés remplis de vase puante, les écoliers le couvrent d'inscriptions à la craie et il doit parcourir les rues le dos plein de traits de craie et on lui fait des taches d'encre sur le visage et c'est seulement quand il pleure qu'il a le droit de rentrer chez lui. C'est seulement quand son visage est ravagé par la peur qu'ils le laissent tranquille, seulement quand son cou est plein de chenilles et de vers de terre et de pucerons.

Wendel parle avec aisance lorsqu'il n'y a personne et qu'il parle tout seul. Je l'entends parfois dans l'arrière-cour. Nous sommes voisins. Nous sommes assis près de la même clôture, Wendel dans sa cour et moi dans la mienne. Je mange les fruits des mauves qui rendent stupides et Wendel mange des abricots verts qui lui donnent parfois une grosse fièvre. Et quand il est guéri, il recommence à manger des abricots verts et parle tout seul.

Je demande à la mère si la clôture qui sépare nos deux cours appartient à Wendel ou à moi. Je voulais entendre qu'elle est à moi, je voulais avoir le droit de chasser Wendel quand il s'appuie contre cette clôture. Mais la mère me dit que la clôture nous appartient à tous les deux, à Wendel et à moi, alors je voulus jeter un sort à son côté de la clôture, pour que plus aucune mauve n'y pousse. Je souhaitai qu'il n'y ait plus que de l'herbe rêche et raide.

Les médecins de la ville disent que la peur est la cause du bégaiement de Wendel. Un jour la peur s'est plantée en lui et elle ne l'a plus lâché. Wendel ne peut pas chasser sa peur. Une nouvelle peur vient constamment s'y ajouter. Wendel a peur toujours et partout. Au village beaucoup de gens ont peur. Partout où il y a une maison, il y a des pères et des mères et des grands-mères et des grands-pères et des enfants et des animaux tous ensemble, il y a aussi la peur.

J'éprouve parfois de la peur. Je sens la peur d'avoir peur. Ce n'est pas la peur elle-même.

Wendel est assis dans la cour, appuyé à la clôture, il mange des abricots verts. Je l'appelle et je sais qu'il va de nouveau bégayer.

Il grimpe sur la clôture, de sa main les abricots verts roulent par terre. À présent Wendel a peur de manquer d'abricots verts. Il est sur l'aire de battage dans notre cour. Nous jouons au monsieur et à la dame. Je me fourre les deux pelotes de laine verte dans mon corsage et Wendel se colle une moustache faite de brins de laine verte.

Nous jouons. Je le gronde parce qu'il est saoul, parce qu'il n'y a pas d'argent à la maison, parce que la vache n'a pas de fourrage, je traite Wendel de fainéant et de salopard et de vagabond et d'ivrogne et de propre à rien et de bon à rien et de coureur de putains et de salaud. Voilà le jeu. Ça me plaît, on peut y jouer. Wendel est assis et se tait.

Wendel s'est coupé la main avec une boîte de conserve. Le sang coule abondamment sur l'herbe. Je me contente de le traiter de crétin et ne regarde même pas la blessure. Je me contente de le traiter d'andouille.

Je fais la cuisine dans le sable, habille et déshabille mes poupées, je les nourris de gâteaux de sable et de soupe de fleurs des champs.

Tout ce que fait Wendel ressemble à une fuite,

et Wendel reste là devant moi, planté comme une bûche. Wendel est si silencieux et figé. Wendel ne se défend pas, Wendel ne réagit pas. Wendel ne s'aime pas. Wendel est le contraire de Wendel, est toujours le contraire de lui-même. Wendel peut toujours me supporter. Je renverse le gâteau de sable et le piétine avec mes souliers. La soupe aux herbes des champs vole contre le mur et coule sur la terre. Je cours dans la maison avec ma poupée toute nue et perds mes seins devant la porte de la cuisine.

Wendel reste tout seul sur l'aire, silencieux et raide comme un piquet sur l'aire.

Je me persuade que je ne jouerai plus jamais avec Wendel. Et le plus jamais dure une journée.

Ensuite j'attire Wendel avec des abricots verts qui sont encore à moitié en fleur. Et Wendel vient.

Nous recommençons à jouer au monsieur et à la dame.

Grand-mère m'appelle pour la troisième fois. Ensuite elle vient elle-même. Je suis poussée vers la sieste avec des gifles, pour que tu deviennes grande et forte, dit-elle quand sa colère est passée. Et qui va-t-elle frapper quand je serai devenue grande et forte, qui sera là, qui ne pourra pas se défendre contre la dureté de sa main.

Je hais cette sieste. Je suis couchée dans mon

lit avec ma haine et grand-mère plonge la pièce dans l'obscurité, et ferme les portes, les unes après les autres : la porte de la chambre, la porte du vestibule, la porte d'entrée. Pendant deux heures je ne dois pas sortir de l'obscurité. J'ai peur de m'endormir. Grand-mère veut m'ensorceler. Je résiste à son sommeil profond de pavot qui est ma mort jusqu'à ce que je me réveille. Le sommeil flotte dans la chambre, et voilà qu'il touche déjà ma peau. Tout devient plus profond, plus que je ne peux le supporter. Il y a beaucoup d'écume là-haut au plafond de la chambre. Des nuées d'oiseaux déchirent l'eau. Leurs becs disent leur grande faim. Ils vont m'attaquer et me picorer la peau et ils vont crier, tu es lâche et vide. Je vais me réveiller sans cœur et sans peur.

Le sommeil presse son odeur de renfermé sur mon visage. Il sent, comme les jupes de grand-mère, le pavot et la mort. Le sommeil est le sommeil de grand-mère, le poison de grand-mère. Le sommeil, c'est la mort.

Et je lui dis que je suis encore une enfant. J'ai déjà souvent voulu mourir, mais alors ça n'a pas marché. Et maintenant c'est le plein été et les nuées d'oiseaux déchirent l'eau. Et maintenant je ne veux pas mourir, maintenant je me suis habituée à moi-même et je ne peux pas me perdre. Je relève la couverture. Il vient beaucoup d'air frais. Le lit est si grand et si large, le lit est si blanc et si vide que je suis couchée au milieu d'un champ de neige, au milieu d'une nuit glaciale, en train de mourir de froid.

La porte de la cour grince, la porte du couloir craque, la porte du vestibule croasse, la porte de la chambre tape contre la porte de l'armoire. Grand-mère est debout dans la chambre. Elle fait du boucan en ouvrant les volets. Dehors il fait grand jour. L'été fait sortir de la vapeur du plumage des volailles.

Wendel est assis sur l'aire et il assemble sa moustache et me tend les deux pelotes de laine. Je les mets sans mot dire sous ma robe. Nous recommençons à jouer au monsieur et à la dame. Nous ne jouons pas le jeu jusqu'au bout.

C'est le soir, c'est au tour du père et de la mère de jouer à notre jeu.

Au bout de la ruelle le soleil se couche. Un sac arrive, un sac fermé par des coutures qui répand la nuit sur le village.

À présent vient l'heure des lumières éteintes dans les chambres noires.

Vient la peur, et tant qu'elle là, il ne peut rien m'arriver. J'essaie de me persuader, mais je n'y crois pas un seul instant.

Ce n'est pas la peur en soi, c'est la peur de la peur, la peur d'oublier la peur, la peur de la peur de la peur.

Ça craque dans les interstices des volets. Du

sable court dans la gouttière. Des dunes de sommeil se bousculent dans mon crâne. La porte du jardin grince, là-bas le vent souffle toute la nuit dans les plates-bandes. Le village a beaucoup d'arbres, c'est épouvantable. J'ai leur bruissement dans la tête.

Le lit ressemble au ventre d'une vache, tout chaud et obscur. Les bretelles de grand-père sont accrochées à un clou et ses pantalons vides se promènent dans la chambre. Si je tends le bras je peux les toucher. Il y a peut-être des clous dans les poches des pantalons.

Les mères dorment, les pères dorment, les grands-mères dorment, les grands-pères dorment, les enfants dorment, les animaux domestiques dorment.

Le village est là comme une caisse au milieu du paysage.

La mère ne pleure pas, le père ne boit pas, mon grand-père ne donne pas de coups de marteau, grand-mère n'a pas son pavot, Wendel ne bégaie pas.

Ils se reposent tous pour demain, et demain ils seront les mêmes.

La nuit n'est pas un monstre. Il n'est dedans que vent et sommeil.

Dans la chambre voisine j'entends l'urine ruisseler dans le pot de chambre. C'est grand-père qui est au-dessus du pot. Il est cinq heures.

Grand-mère ne s'est pas réveillée à deux

heures et demie. Elle est tombée dans son sommeil malsain.

Il y a longtemps que ça ne s'était plus produit.

Un matin elle sera morte.

Ce soir-là j'avais le sentiment que la colline, sur laquelle le village est perché, était en contrebas de la vallée et que de l'eau froide montait lentement et inondait les rues. Il flottait dans l'air la puanteur des milliers de petites bêtes mortes qui s'étaient toujours trouvées à un endroit où on ne pouvait les voir.

Quand les étangs atteignent leur plus bas niveau, le dos des grenouilles se dessèche. Alors la canicule se faufile dans leur ventre et ce qui reste d'elles n'est qu'une peau dure.

Il y en a partout dans les cours alentour. Et c'est seulement quand les grenouilles meurent que l'on sait qu'elles habitent aussi les maisons, qu'elles montent les escaliers jusqu'aux greniers, jusqu'aux cheminées noires.

Notre maison a deux cheminées qui doivent être pleines de grenouilles. L'une des cheminées est rouge, l'autre est noire.

La rouge se trouve au-dessus des chambres inhabitées. Il n'en sort jamais de fumée.

De nombreuses chouettes y ont élu domicile. Chaque année la mère doit payer l'impôt pour les cheminées. Au fil des années, ce n'est pas rien, dit la mère, surtout que l'une des cheminées ne sert qu'aux chouettes.

La semaine passée, elles étaient très excitées. Je les ai entendues toute la nuit sur les tuiles du toit. Elles ont deux sortes de voix, l'une plus aiguë, l'autre plus basse. Mais même les voix aiguës sont très basses et les voix basses encore beaucoup plus basses.

Il doit y avoir des mâles et des femelles. Ils ont un véritable langage.

Je suis allée quelquefois dans la cour et je n'ai rien pu voir d'autre que leurs yeux. Le toit en était jonché. Ils brillaient et la cour entière était claire et scintillait comme de la glace. Il n'y avait pas de clair de lune. Cette nuit-là le voisin est mort. La veille au soir il avait bien mangé. Il n'avait pas été malade. Sa femme m'a réveillée le matin et dit qu'il s'était étouffé dans son sommeil. J'ai tout de suite pensé aux chouettes.

Entre nous et le voisin, le jardin est rempli de framboises. Elles sont tellement mûres qu'on a des doigts rouge sang quand on les cueille. Il y a quelques années, nous n'avions pas de framboises, seul le voisin avait quelques arbustes dans son jardin. Maintenant elles sont venues jusque dans notre jardin et chez lui il n'y a plus un seul arbuste. Elles se promènent. Le voisin m'a dit une fois que lui non plus il ne les avait pas plantées, elles sont venues toutes seules, d'un autre jardin. Dans quelques années nous n'en aurons plus nous non plus, elles seront parties ailleurs. Manges-en tout ton saoul, car le village est petit et elles partiront du village.

Hier c'était l'enterrement. Il y a quelques mois, son fils l'avait ramené de la montagne. Sa maison s'était effondrée, un des torrents sorti de son lit l'avait emporté. À la montagne les gens sont en meilleure santé. Il avait rapporté un bonnet. Ce n'était ni une casquette ni un chapeau. Ce genre de bonnets ne se porte que dans ce village. Il disait qu'il voulait être enterré avec ce bonnet. Il le disait en plaisantant car en réalité il ne voulait pas mourir. Il n'était pas malade non plus.

À présent ils ont enfoncé le bonnet sur son crâne mort. Le couvercle du cercueil ne voulait pas se fermer, alors ils ont tapé dessus avec un marteau.

Les jambes de la mère étaient étendues avec les miennes sous la même couverture. Je les imagine nues et pleines de varices. D'innombrables jambes étaient étendues les unes à côté des autres dans le champ.

Seuls les hommes étaient étendus pendant la guerre. Je ne voyais que des femmes, jupes relevées et jambes meurtries dans les champs de bataille. Je vis la mère nue et gelée, étendue en Russie, jambes meurtries, lèvres vertes à cause des betteraves.

Je vis la mère rendue transparente par la faim, décharnée et ridée, comme une fille épuisée et sans connaissance.

La mère s'était endormie. Lorsqu'elle était éveillée, je ne l'entendais jamais respirer. Quand elle dormait, elle râlait comme si elle avait encore le vent de Sibérie dans la gorge et à ses côtés des rêves horribles me faisaient frissonner de froid.

Dehors l'eau montait dans les étangs. Il n'y avait pas de lune au village et l'eau était aveugle et stagnante.

Le coassement des grenouilles sortait des poumons noirs du père défunt, des râles de la trachée raide de mon grand-père, des artères bouchées de ma grand-mère folle. Les grenouilles coassaient par la bouche de tous les vivants et morts de ce village.

Chacun a apporté une grenouille lorsqu'il a immigré jusqu'ici. Depuis qu'ils sont ici, ils se félicitent d'être allemands et ils ne parlent jamais de leurs grenouilles et croient que ce dont on refuse de parler n'existe pas non plus. Le village touche partout à sa fin. Sa vraie fin est le cimetière.

Alors le sommeil survint. Je tombai dans un grand encrier. Il devait faire aussi obscur en Forêt-Noire. Dehors leurs grenouilles allemandes coassaient.

Même la mère avait rapporté une grenouille de Russie.

Et j'entendais la grenouille allemande de la mère jusqu'au-delà de mon sommeil.

POIRES POURRIES

Les jardins sont d'un vert éclatant. Les clôtures ondulent dans le sillage des ombrages
humides. Les vitres glissent, nues et brillantes,
d'une maison dans l'autre. Le clocher tourne, la
croix des héros tourne. Les noms des héros sont
longs et délavés. Käthe lit les noms de bas en
haut. Le troisième en partant du bas est mon
grand-père, dit-elle. Elle se signe devant l'église.
Devant le moulin l'étang brille. Les lentilles
d'eau sont des yeux verts. Un gros serpent loge
dans les joncs, dit Käthe. Le veilleur de nuit l'a
vu. Le jour il dévore poissons et canards. La
nuit il rampe jusqu'au moulin et mange le son et
la farine. La farine qu'il laisse est mouillée de sa
bave. Le meunier la jette dans l'étang, car elle
est empoisonnée.

Les champs gisent sur le ventre. Là-haut dans
les nuages les champs sont dans tous leurs états.
Les racines des tournesols ficellent les nuages.
Les mains du père tournent le volant. Je vois les

cheveux du père à travers la petite fenêtre derrière les caisses de tomates. L'auto va vite. Le village s'enfonce dans le bleu. Je perds des yeux le clocher. Je vois la cuisse de la tante tout contre la jambe de pantalon du père.

Les maisons défilent au bord de la rue. Les maisons ne sont pas un village parce que je n'habite pas ici. Des hommes de petite taille aux jambes de pantalon délavées vont en quête d'inconnues dans les rues. Sur d'étroits ponts bruyants les jupes de femmes inconnues volent au vent. Des enfants aux cuisses maigres et nues, sans culottes, sont seuls sous une multitude de grands arbres. Ils ont des pommes dans les doigts. Ils ne mangent pas. Ils agitent la main. Ils appellent, la bouche vide. Käthe les salue rapidement et ne les regarde plus. Je les salue longuement, je regarde longuement les cuisses maigres jusqu'à ce que je ne voie plus que les grands arbres parce qu'elles deviennent floues.

La plaine est sous les collines. Le ciel de notre village porte les collines. Elles ne tombent pas dans la plaine en traversant les nuages. Nous sommes déjà loin maintenant, dit Käthe en bâillant dans le soleil. Le père jette sa cigarette rougeoyante par la fenêtre. La tante bouge les mains en parlant.

Entre les clôtures, les prunes sont petites et vertes. Dans l'herbe il y a des vaches et elles regardent en ruminant la poussière soulevée par les roues. La terre grimpe hors de l'herbe sur des pierres nues, sur des racines et des écorces. Käthe dit : ce sont des montagnes et les pierres sont des rochers.

À côté des roues de l'auto des buissons défilent dans le souffle du vent. L'eau jaillit de leurs racines en bruissant. La fougère boit et secoue sa dentelle. La voiture roule sur des chemins étroits et gris. On appelle ça des lacets, dit Käthe. Les chemins s'enchevêtrent. Notre village est situé tout en bas des montagnes, dis-je. Käthe rit : les montagnes sont ici, dans ces massifs, et notre village est là-bas dans la plaine, dit-elle.

Les bornes kilométriques blanches me regardent. La moitié du visage du père est au-dessus du volant. La tante attrape le père par l'oreille.

Des petits oiseaux sautent de branche en branche. Ils se perdent dans la forêt. Ils poussent de petits cris. Lorsqu'ils ne touchent pas les branches, ils volent, replient leurs pattes contre leur ventre et se taisent. Même Käthe ne sait pas comment s'appellent les oiseaux.

Käthe cherche dans la caisse un petit concombre à la peau rugueuse. Elle mord dedans du bout des lèvres et crache la peau.

Le soleil tombe derrière la plus haute montagne. La montagne chancelle et avale la lumière. Chez

nous le soleil se couche derrière le cimetière, dis-
je. Käthe mange une grosse tomate et dit : en montagne il fait nuit plus tôt que chez nous. Käthe pose
sa main blanche et mince sur mon genou. L'auto
ronronne entre la main de Käthe et ma peau. En
montagne l'hiver vient aussi plus tôt que chez
nous, dis-je.

L'auto flaire sa route avec des lumières vertes
qui traversent l'orée de la forêt. La fougère épar-
pille sa dentelle dans l'obscurité. La tante
appuie sa joue contre la vitre et dort. La cigarette du père rougeoie au-dessus du volant. La
nuit avale les caisses sur l'auto, avale les légumes
dans les caisses. Entre les montagnes les tomates
sentent plus fort que chez nous. Käthe n'a ni
bras ni visage. Sa main chaude caresse mon
genou froid. La voix de Käthe est assise à côté
de moi et me parle de loin. Je me mords les
lèvres en silence pour ne pas perdre ma bouche
dans la nuit.

L'auto avance par à-coups. Le père éteint les
lumières vertes. Il descend de voiture et crie :
nous sommes arrivés. L'auto est arrêtée devant
une maison tout en longueur sous l'ampoule
électrique. Le toit de la maison est noir comme
la forêt. La tante claque la portière de la voiture
et met une chemise de nuit dans la main du
père. Elle pointe son index recroquevillé en l'air
dans l'obscurité et dit : là-haut, c'est le village.
Je suis son doigt et vois la lune.

Ici c'est le moulin, dit Käthe. Le père serre la chemise de nuit sous son bras et tend une clé à la tante. La tante ouvre le verrou de la porte verte de la maison. Käthe dit : la vieille habite là-haut dans le village chez sa sœur.

La tante disparaît derrière une porte noire. Dans sa chambre, dit le père. Il monte l'étroit escalier en bois et ferme la trappe derrière lui. Käthe et moi nous sommes couchées dans un lit étroit dans le vestibule sous la petite fenêtre noire au rideau en dentelle blanche. À travers la cloison de la chambre on entend le bruit de l'eau. Käthe dit : c'est le ruisseau.

Les cheveux de Käthe crissent dans mon oreille. Devant la petite fenêtre noire la lune est accrochée dans la gueule noire des nuages. Là-bas c'est le village.

Les cuisses de Käthe sont allongées plus bas que les miennes. La tête de Käthe est plus haut que la mienne. Un souffle d'air chaud sort du ventre de Käthe. Sous mon corps mince et court le sac de paille crisse.

Derrière la porte noire, le lit craque. Derrière la trappe la maison crisse.

Le souffle chaud du ventre de Käthe sent les poires pourries. La respiration de Käthe bruisse dans son sommeil. Sur le rideau en dentelle blanche se forment des paquets de fleurs ruisselantes aux tiges grimpantes et aux feuilles rampantes.

Un grincement dégringole les escaliers. Je soulève la tête et la laisse retomber. Le père suit le grincement. Le père est pieds nus. Il tripote avec ses grosses mains la porte noire. La porte ne grince pas. Les orteils du père craquent et le verrou de la porte noire se referme sans bruit dans son dos. La tante rit et dit : froid aux pieds. Le père fait claquer ses lèvres et dit : des souris et du foin. Le lit craque. L'oreiller respire bruyamment. La couverture se renverse sous de longues poussées. La tante gémit. Le père halète. De brèves poussées font sortir le lit de son montant en bois.

Derrière la maison le ruisseau gazouille. Les graviers se bousculent, les pierres s'enfoncent. La main de Käthe tressaille en dormant. La tante pouffe, le père chuchote. Derrière la fenêtre noire volette une feuille ronde.

Le verrou de la porte noire craque. Le père monte pieds nus sans les talons l'escalier de bois étroit. Sa chemise est déboutonnée. Son pas sent les poires pourries. La trappe grince et se referme lentement. Käthe tourne son visage en dormant.

Le ruisseau gazouille entre mes yeux : j'ai fait quelque chose d'obscène, j'ai regardé quelque chose d'obscène, j'ai écouté quelque chose d'obscène, j'ai lu quelque chose d'obscène. J'enfonce les mains sous la couverture. Dessine des lacets avec mes doigts sur ma cuisse. Sur mon genou il y a notre village. Le ventre de Käthe tressaille en dormant.

Les paquets de fleurs inclinent leurs tiges blanches. La fenêtre noire a une fente grise. Les nuages sont pleins de filaments rouges. Les sapins verdissent au bout de leurs aiguilles.

La tante, délabrée, se tient sur le seuil de la porte noire. Sous sa chemise de nuit des melons tremblent. La tante dit quelque chose à propos des nuages rouges et du vent. Käthe bâille, sa bouche rouge grande ouverte, et elle lève les bras devant la petite fenêtre. La trappe grince. Le père courbé descend l'escalier étroit. Son visage a de la barbe et il dit : bien dormi. Je dis : oui. Käthe fait signe que oui. La tante boutonne son corsage. Entre les melons le bouton est trop petit et il glisse hors de la boutonnière. La tante regarde le père dans les yeux et répète sa phrase avec le vent et les nuages rouges. Le père appuyé contre l'escalier de bois se peigne. Il laisse tomber du peigne graisseux un nid de cheveux noirs à côté des marches. On viendra vous chercher à deux heures, dit-il. La tante regarde en riant la porte verte et dit : Käthe sait.

L'auto ronronne. La tante est assise à côté du père dans la voiture. Elle se coiffe avec le peigne gras. Derrière son oreille ses cheveux sont gris.

Je regarde les grands toits rouges. Käthe dit : là-haut c'est le village. Je demande : il est grand. Käthe dit, petit et laid.

Je m'allonge dans l'herbe. Käthe est assise sur une pierre près du ruisseau. Je vois la petite culotte bleue de Käthe avec la tache jaune des poires pourries entre ses cuisses. Käthe fait glisser sa jupe entre ses cuisses. Käthe fouette l'eau avec un bâton sous les pierres. Je regarde dans l'eau et je demande : tu es déjà une femme. Käthe jette des cailloux dans l'eau et dit : c'est seulement quand on a un homme qu'on est une femme. Et ta mère, je demande. Je mordille dans ma bouche une feuille de bouleau. Käthe cueille une marguerite et dit pour elle-même : m'aime, m'aime pas. Käthe jette le cœur jaune et nu de la marguerite dans l'eau : mais la mère a des enfants, dit-elle. Qui n'a pas d'homme n'a pas non plus d'enfants. Où est-il, je demande. Käthe arrache une feuille de fougère : il m'aime, mort, m'aime pas. Demande donc à ta mère si tu ne me crois pas. Je cueille des marguerites. La vieille Elli n'a pas d'enfants, dis-je. Elle n'a jamais eu d'homme, dit Käthe. Elle écrabouille une grenouille tachetée de brun avec une pierre. Elli est une vieille fille, dit Käthe. Les cheveux roux se transmettent héréditairement. Je regarde l'eau. Ses poules elles aussi sont rousses et ses lapins ont des yeux rouges, dis-je. Sortant des marguerites, des petits scarabées noirs grimpent sur ma main. Elli chante le soir dans le jardin, dis-je. Käthe est debout sur une souche d'arbre et elle crie : chante parce qu'elle boit. Il faut que les femmes se marient, comme ça elles ne boivent pas, dit Käthe. Et les hommes, je demande. Ils boivent parce qu'ils sont des hommes, dit Käthe, et elle sautille dans l'herbe. Ils sont aussi des hommes quand ils n'ont pas de femmes. Et ton fiancé, je demande. Il boit aussi, car ils boivent tous, dit Käthe. Et toi, je demande. Käthe roule les yeux. Je me marie, dit-elle. Je jette une pierre dans l'eau et dis : je ne bois pas et ne me marie pas. Käthe rit : pas encore, mais plus tard, maintenant tu es encore trop petite. Et si je ne veux pas, dis-je. Käthe ramasse des fraises des bois. Quand tu seras grande, tu voudras, dit-elle.

Käthe est allongée dans l'herbe et elle mange des fraises des bois. Du sable rouge se colle entre ses dents. Ses cuisses sont longues et pâles. La tache sur la culotte de Käthe est mouillée et brun foncé. Käthe jette les tiges nues des fraises par-dessus son visage et chante : et ça, celui que j'aime plus que tout autre me le donne et il me rend heureuse. Dans la cavité de sa bouche tourne sa langue rouge, accrochée à un fil blanc. C'est ce que chante Elli le soir dans le jardin, dis-je. Käthe ferme la bouche. Et ensuite, je demande. Käthe est agenouillée dans l'herbe et fait un signe de la main. La voiture sort de derrière les grands toits. Sur l'auto les caisses vides s'entrechoquent bruyamment.

Le père descend de voiture et ferme la porte verte de la maison. La tante est assise à côté du volant et compte l'argent. Käthe et moi nous montons dans l'auto. L'auto ronronne. Käthe est assise à côté de moi sur une caisse de concombres vide.

La voiture roule vite. Je vois comme les forêts sont profondes. Les petits oiseaux sans nom volettent au-dessus de la route. L'ombre couvre les branches de taches en zigzag sur le visage de Käthe. Les lèvres de Käthe ont des bords sombres et acérés. Ses cils sont drus et pointus comme des aiguilles de sapin.

Aucun homme, aucune femme ne marche dans les villages. Pas d'enfants nus sous les grands arbres. Entre les grands arbres il y a des fruits blets. Des chiens au poil en bataille aboient après les roues.

Les collines s'ouvrent sur de larges champs. La plaine gît sur son ventre noir. Il n'y a pas le moindre souffle d'air. Käthe dit : on est bientôt à la maison. Elle attrape des branches d'acacia qui pendent au-dessus de nous. Käthe arrache de ses mains blanches les feuilles des tiges, elle n'a pas de visage. Sa voix dit doucement : m'aime, m'aime pas. Käthe mâchonne la tige nue.

Au-delà du champ se dresse un clocher gris : là-bas c'est notre église, dit Käthe. Le village est plat, noir et muet. Jésus est accroché à la croix à l'entrée du village, il penche la tête et montre ses mains. Ses orteils sont secs et longs. Käthe fait le signe de croix.

L'étang brille noir et vide. Dans le moulin le grand serpent mange les asticots et la farine. Le village est vide. L'auto s'arrête devant l'église. Je ne vois pas le clocher. Je vois les longs murs bosselés derrière les peupliers.

Käthe descend avec la tante la rue noire. Qui ne va nulle part. Je ne vois pas les pavés. Je m'assois à côté du père. Le siège est encore chaud des cuisses de la tante et sent les poires pourries.

Le père conduit, conduit. Conduit la main dans ses cheveux, se passe la langue sur les lèvres. Le père conduit de la voix et du geste à travers le village désert.

Une lumière derrière une fenêtre sans maison vacille. Le père entre dans la cour en franchissant l'ombre du porche. Il tire la bâche sur la voiture.

La mère est assise au bord de la table sous la lampe. Elle raccommode le talon troué d'une chaussette avec de la laine grise. La laine sort de sa main toute lisse. Le regard de la mère va tout droit à la veste du père. Elle sourit. Son sourire est faible et tremblote au bord de ses lèvres.

Le père feuillette des billets bleus sur la table et les compte. Dix mille, dit-il à haute voix. Et ma sœur, demande la mère. Le père dit : elle a déjà sa part. Et huit mille pour l'ingénieur. La mère demande : de lui. Le père secoue la tête. La mère prend l'argent et le porte des deux mains dans l'armoire.

Je suis couchée dans mon lit. La mère se penche vers moi et pose un baiser sur ma joue. Ses lèvres sont dures comme ses doigts. Comment avez-vous dormi là-haut, demande-t-elle. Je ferme les yeux : le père, en haut dans le foin, la tante dans sa chambre et Käthe et moi dans le vestibule, dis-je. La mère dépose un baiser rapide sur mon front. Ses yeux ont un éclat froid. Elle se retourne et s'en va.

Le tic-tac de l'horloge remplit la pièce : j'ai écouté quelque chose d'obscène. Mon lit se trouve entre un fleuve à sec et une forêt de feuillus épuisés dans la plaine. Derrière la cloison le lit craque et geint sous de brèves poussées. La mère gémit. Le père halète. Toute la plaine est remplie de lits noirs et de poires pourries.

Le sommeil est noir sous les paupières.

TANGO APPUYÉ

Le porte-jarretelles de la mère entaille profondément ses hanches, appuie son estomac sur son ventre bien ficelé. Le porte-jarretelles de la mère est en damas d'un bleu lumineux avec des tulipes pâles et il a deux boutons blancs en caoutchouc et deux boucles en métal inoxydable.

La mère pose les bas en soie noire sur la table. Les bas de soie ont de gros mollets transparents. Ils sont en verre noir. Les bas de soie ont des talons ronds opaques et des orteils pointus et opaques. Ils sont en pierre noire.

La mère tire les bas de soie noirs sur ses jambes. Les tulipes pâles nagent des hanches jusqu'au ventre de la mère. Les boutons en caoutchouc deviennent noirs, les boucles se ferment.

La mère glisse les orteils de pierre, la mère fait entrer les talons de pierre dans les souliers noirs. Les chevilles de la mère sont deux cous noirs en pierre.

La cloche, dure et sourde, répète toujours le même mot. La cloche sonne depuis le cimetière. La cloche cogne.

La mère porte la couronne sombre de branches de sapin et de chrysanthèmes blancs. Grand-mère porte la couronne qui tintinnabule en petites pierres blanches avec l'image ronde de Marie souriante et l'inscription un peu décolorée, en hongrois, de la monarchie : Szüz Mária Köszönöm. La couronne se balance sous l'index de grand-mère sur le poignet mince et rougi.

Je porte une brassée de fougères bouclées aux fines nervures et une poignée de cierges aussi froids et blancs que mes doigts.

Les plis noirs de la robe de la mère battent. Les petits pas des souliers de la mère claquent. Les tulipes de la mère nagent autour du ventre de la mère.

La cloche dure répète toujours le même mot. Il y a un écho avant et après, ça n'en finit pas de résonner. La mère trottine avec des mollets en verre, avec des chevilles de pierre dans l'écho du mot, dans le coup de cloche.

Devant les pas de la mère le petit Sepp marche avec une couronne de buis et de chrysanthèmes blancs.

Je marche entre la couronne sombre en sapin et la couronne en petites pierres blanches tintinnabulantes. Je marche derrière mes fougères bouclées.

Je passe sous le porche du cimetière et j'ai la cloche devant le visage. J'ai le coup de cloche sous mes cheveux. J'ai le coup de cloche dans le pouls à côté de mes yeux et dans les poignets minces sous la fougère bouclée. J'ai dans la gorge le nœud qui se balance au bout de la corde de la cloche.

L'index de grand-mère a des taches bleues à la racine de l'ongle et il est mort. Grand-mère accroche sa couronne tintinnabulante en petites pierres blanches contre la tombe au-dessus du visage du père. À la place des yeux profonds du père il y a maintenant le cœur sanguinolent de Marie qui sourit. À la place des lèvres dures du père il y a l'inscription en hongrois de la monarchie.

La mère se tient penchée au-dessus de la couronne sombre en sapin. Son estomac appuie sur son ventre. Les chrysanthèmes blancs s'enroulent autour des joues de la mère. La robe noire de la mère se gonfle dans le vent qui caresse les tombes. Le pied en verre noir de la mère a une étroite déchirure blanche qui glisse sur sa cuisse jusqu'au bouton de caoutchouc, jusqu'au ventre sur lequel les tulipes nagent.

Grand-mère arrache avec son doigt mort les fougères bouclées qui entourent la tombe. Je plante les cierges entre ses nervures et je creuse du bout de mes doigts froids dans la terre.

L'allumette bleutée vacille dans la main de la

mère. Les doigts de la mère tremblent, et la flamme tremble. La terre engloutit les jointures de mes doigts. La mère fait le tour de la tombe avec la flamme et dit : on ne creuse pas les tombes. Grand-mère enlève son index mort et montre le cœur sanguinolent de Marie qui sourit.

Le curé se tient sur les marches de la chapelle. Au-dessus de ses souliers pendent des plis noirs. Les plis grimpent sur son ventre jusque sous le menton. Derrière sa tête la corde de la cloche, le gros nœud, se balance. Le curé dit : prions pour les âmes des morts et des vivants, et joint ses mains osseuses sur son ventre.

Le sapin plisse ses aiguilles, la fougère tord ses nervures bouclées. Les chrysanthèmes sentent la neige, les cierges sentent la glace. L'air au-dessus des tombes devient noir et chantonne une prière : mon Dieu, maître des armées célestes, délivre-nous de notre exil. Au-dessus du clocher de la chapelle la nuit est aussi noire que les pieds en verre de la mère.

Les cierges font sortir de leurs doigts les coulures dégoulinantes. Les coulures dégoulinantes deviennent au contact de l'air aussi raides que mes côtes. La mèche est carbonisée et friable, elle ne porte plus de flamme. Au milieu des cierges brisés une motte de terre roule sous la fougère.

Les chrysanthèmes sont enroulés sur le front

de la mère qui dit : on ne s'assoit pas sur les tombes. Grand-mère étend son index mort. La déchirure sur la jambe de verre de la mère est aussi large que l'index mort de grand-mère.

La curé dit : mes chers fidèles, aujourd'hui c'est la Toussaint, aujourd'hui nous avons fêté dans la joie nos chers défunts, nos âmes mortes. Aujourd'hui est un jour de fête pour les âmes de nos morts.

Le petit Sepp est près du tombeau voisin, les mains jointes au-dessus de la couronne de buis : Seigneur, délivre-nous de notre exil. Dans la lumière vacillante ses cheveux gris tremblotent.

Le petit Sepp joue avec son accordéon rouge les blanches mariées voletantes dans le village, joue autour de l'autel les couples d'invités aux mariages avec leurs rosettes en cire blanche sous le cœur sanguinolent de Marie qui sourit, joue à côté du gâteau à la vanille surmonté des deux colombes blanches et cireuses devant le visage de la mariée. Le petit Sepp joue avec son accordéon rouge pour les bras et les jambes des hommes et des femmes le tango appuyé.

Le petit Sepp a de petits doigts et de petits souliers. Il appuie ses petits doigts écartés sur les touches. Les touches larges sont en neige, les touches étroites en terre. Le petit Sepp appuie rarement sur les touches étroites. Il appuie dessus et la musique devient froide.

Les cuisses du père se pressent contre le

ventre de la mère autour duquel nagent les tulipes pâles.

La mariée voletante est la voisine. Elle me fait un signe de l'index. Elle découpe un morceau de gâteau et dépose avec un sourire las les colombes blanches et cireuses dans ma main.

Je ferme la main. Les colombes deviennent chaudes comme ma peau et transpirent. Je fourre les colombes blanches et cireuses dans une boulette de viande et dans le pain dans lequel je mords. J'avale le pain et j'entends le tango appuyé.

La mère passe en dansant devant la table avec les tulipes qui nagent et les cuisses de mon oncle. Des chrysanthèmes sont enroulés autour de sa bouche, elle dit : on ne joue pas avec la nourriture.

Le curé lève ses mains osseuses au nom du seigneur : délivre-nous de l'exil. De ses mains sortent des coulures dégoulinantes de fumée qui planent autour du nœud de la corde de la cloche et montent dans le clocher.

La tombe s'est affaissée, dit la mère. Il faut apporter deux tombereaux de terre et un de fumier pour que les fleurs poussent. Le soulier noir de la mère crépite dans le sable. Ça, ton oncle peut le faire pour son frère défunt, dit la mère. Grand-mère accroche la couronne avec les petites pierres blanches à son index mort.

Les yeux profonds du père regardent le pied de

verre noir de la mère avec la déchirure blanche. Les souliers noirs de la mère enjambent des taupinières entre des tombes étrangères.

Nous passons sous le porche du cimetière. Le village s'enfonce en lui-même et sent le sapin et la fougère, les chrysanthèmes et les coulures de cire.

Devant mes pas le petit Sepp marche.

Le village est noir. Les nuages sont en damas noir.

Grand-mère fait tintinnabuler les petites pierres blanches de la couronne. La mère écrase mes doigts dans sa main.

Le père est notre âme morte. Aujourd'hui c'est un jour de fête pour le père et il passe en dansant à la lisière du village.

Le porte-jarretelles entaille profondément les hanches de la mère.

Dans un tango appuyé le père presse ses cuisses contre un nuage de damas noir.

LA FENÊTRE

La mère tire le huitième lacet autour de mes hanches. Les lacets sont blancs et étroits. Les lacets sont brûlants et exercent une pression sur mes hanches et bloquent ma respiration dans ma gorge.

Peter est assis sur une chaise au coin de la table et attend.

Les jupons sont figés dans des plis de pierre et ornés de dentelle. Les trous des dentelles, le tissu étroit sent le renfermé, il est lourd. Les dentelles ont des nervures de craie comme les longs murs aux nervures chaulées du vieux moulin.

La neuvième jupe est grise comme la lumière, comme les prunes le matin. Elle flotte sur les jupons de pierre. Je ne sens que son lacet brûlant. La neuvième jupe a des fleurs blanches sur un fond sombre de soie grise. Les fleurs sont des petites clochettes qui baissent la tête. De nombreuses têtes sont cachées dans les plis. On

ne les voit que lorsque je virevolte, lorsque
l'accordéon couine, lorsque la clarinette noire
hurle, lorsque la peau de veau tendue sur le
tambour bourdonne.

Peter me fait pivoter autour de son visage.

Les clochettes blanches ont le tournis et frou-
froutent en mesure. Mes souliers suivent la
mesure, les franges de mon châle tanguent en
suivant la mesure. Mes cheveux volent en
mesure. Une boucle me tombe sur l'oreille,
une boucle me tombe sur la nuque, une boucle
me tombe sur la racine du nez. Le bourdonnement du tambour est aussi profond qu'un
pont.

Toni tourne son demi-visage derrière la tête
de Barbara. Mes yeux passent en tournant
devant l'oreille de Toni. Mes yeux tournent
autour de la tête de Peter.

La peau de veau bourdonne contre mes
tempes, mes coudes, mes genoux. La peau de
veau bourdonne sous mon châle, sous ma peau,
et pèse sur mon cœur. Mes hanches sont brûlantes, mes cuisses sont raides, mes muscles se
tordent sur mon ventre.

Entre Toni et moi il y a quatre châles avec des
franges qui volettent. Entre Toni et moi il y a le
visage du maître boulanger et sa clarinette noire.

Mes jupons tanguent autour de mes mollets.
Ma jupe en soie grise tourne autour des jambes
de pantalon noires de Peter. Les têtes des clo-

chettes blanches sortent des plis. Ma jupe en soie grise est une cloche muette.

Les cuisses de Peter, brûlantes, se contractent. Les genoux de Peter sont durs et pointus. Les yeux de Peter étincellent devant mon visage. Les commissures des lèvres de Peter sont humides et d'un rouge éclatant. La main de Peter est grande et dure. Toni soulève la main de Barbara jusque sous son oreille à lui.

La clarinette noire se tait. Le maître boulanger la secoue pour faire tomber la salive. Le maître boulanger chante : danse avec moi dans le matin. Peter appuie le col dur et blanc de sa chemise contre mon cou.

Je ferme les yeux et danse avec Toni et avec ma jupe de soie grise à la lisière du village, derrière le moulin, derrière le dernier cil de lumière blanche de la haute ampoule électrique sous le pont creux.

Mon corsage est doux, ses boutons sont petits, les boutonnières grandes. Ma jupe est sombre et se lève comme le brouillard. Les mains de Toni sont brûlantes sur mon ventre. Mes genoux nagent loin l'un de l'autre, nagent aussi loin que mes cuisses sont longues. Mon ventre tressaille, mes tempes se pressent sur mes yeux. Le pont est creux, il gémit, et l'écho tombe dans ma bouche. Toni halète, et l'herbe soupire. Ma jupe devient obscure sous mon coude. Le dos de Toni sue contre mes mains.

Là-haut sur la lune, derrière mes cheveux, les chiens aboient, oubliés, et le veilleur de nuit s'appuie contre les longs murs aux nervures chaulées du vieux moulin et dort. Le pont tourne autour de mes mains et ma langue tourne dans la bouche de Toni. Toni, la respiration saccadée, creuse un trou dans mon ventre. Mes genoux nagent le long du pont. Le pont tombe dans mes yeux. Dans mon ventre coule une boue brûlante, elle se répand sur moi et me coupe le souffle.

J'ouvre les yeux. Sur mon front il y a des gouttes tremblotantes. La pluie fatiguée sous le pont creux coule le long de mon cou.

Peter écrase ma main avec son grand pouce, avec sa sueur collante. Peter me fait tourner autour de lui et tourne autour de moi. Je nage autour de Peter, et mes genoux sont de plomb.

Le maître boulanger secoue la clarinette noire pour faire tomber la salive et chante d'une gorge chevrotante : mais non, mais non dit-elle, je n'embrasse pas. Ses yeux tournent comme le vin dans la cruche. Les épaules noires de Toni tournent autour des franges virevoltantes de Barbara.

Peter et moi nous faisons la fenêtre. Mes doigts collent aux doigts de Peter. Mes bras s'enroulent autour de ses coudes. Devant mon visage tourne la fenêtre formée par son bras et mes mains écrasées. Par la fenêtre je vois le demi-visage de Toni.

Entre nos fenêtres, entre nos demi-visages, le

visage anguleux de la mère regarde, avec un fichu en soie noire, avec des yeux tachetés et perçants, avec une bouche édentée.

Les yeux nagent hors du visage anguleux, du fichu en soie noire, nagent jusqu'au bout de la rue ouverte, au bout du village barricadé. Au-delà des derniers jardins, au-delà du pont creux, les yeux perçants ouvrent la terre et tombent dedans.

À la lisière du village il y a une croix. Jésus est pendu au bord de la route et saigne, et il regarde, l'air absent, le champ de betteraves à travers une fenêtre de pruniers cassés.

Mes yeux nagent par la fenêtre, nagent hors de ma tête, hors de ma bouche brûlante, hors de ma sueur cachée. Ma fenêtre est aveugle. Mes bras sont croisés à jamais dans les bras de Peter. Je regarde encore une fois par ma fenêtre aveugle et je dis rapidement à voix basse : je me sens mal.

La langue me tombe dans la bouche. Je tombe sur ma cloche sombre en soie grise. Je m'enfonce dans les plis agités des jupes noires des très vieilles femmes, dans les mains tendues, dans les bouches édentées.

Les jupes noires sont aussi ouvertes que les rues, aussi barricadées que le village, aussi bri-sées que la terre qui engloutit, au-delà des der-niers jardins, des yeux perçants, de la bouche édentée.

L'HOMME À LA BOÎTE
D'ALLUMETTES

Chaque soir le village est incendié. Ce sont d'abord les nuages qui brûlent.

Chaque été emporte une grange. Toujours le dimanche, quand les gens dansent et jouent aux cartes, les granges brûlent. L'obscurité tourne et retourne dans les rues. Ensuite ça couve dans la paille et dans les tiges. Et il n'y a qu'une personne qui sait, l'homme à la boîte d'allumettes qui traîne sa haine à travers les plants de pommes de terre au-delà des champs de maïs. Dans ce jardin, enfant chétif, il a charrié des sacs et coupé des betteraves. Dans cette maison il a dormi dans l'étable. Dans cette maison il a été traité de valet par une fille aux nattes blondes et lisses qui en hiver mangeait des oranges. Maintenant il marche au milieu du maïs et ça crépite si fort derrière lui qu'il croit lui-même que c'est le vent.

À présent la flamme se débat, à présent elle se tord dans ses longues jupes rouges et brûlantes et s'élève jusqu'aux tuiles du toit. Et dans le ciel du village la braise tressaille déjà.

Au feu, crie quelqu'un, puis deux personnes crient et tout le monde hurle le même mot et le village se met à trembler sur la colline. Les hommes accourent avec des seaux.

Les pompiers arrivent de la fête des pompiers avec le camion-pompe peint en rouge qui tend un bras couinant et pivotant dans les arbres. Ça crépite et brille autour de la grange rougeoyante. Ça craque et les poutres se brisent et s'effondrent. Les visages rougeoient et se noircissent, et la peur les fait enfler.

Je suis dans la cour, mes jambes poussent hors de mon cou. Je n'ai rien d'autre qu'une gorge serrée. Mon gosier saute par-dessus les clôtures.

Le feu me torture avec ses tenailles. Le feu se rapproche.

J'ai mis le feu. Seuls les chiens le savent. Chaque nuit ils errent dans mon sommeil. Ils ne révéleront rien, disent-ils, mais ils vont aboyer à la mort.

Des hommes se précipitèrent dans notre cour. Ils vidèrent les seaux de lait dans le jardin et les emportèrent et attrapèrent le père par la manche de son veston et lui dirent viens, tu fais partie toi aussi des pompiers, toi aussi tu as la belle casquette et l'uniforme rouge foncé. Le père reçut leur cri dans la bouche et les suivit. Et son uniforme rouge foncé le précéda sur les pavés. Et sa belle casquette dévora à chaque pas un morceau de son épaisse chevelure. Sur mon front il y avait une sueur brûlante, les vagues rouges sous mes paupières me brûlaient le nerf optique.

Je cours dans l'herbe. Il y a là la foule des badauds.

Et moi.

Je sens leur regard perçant dans ma nuque.

Et à côté de moi il y a toujours l'homme à la boîte d'allumettes.

Son coude, là à côté de mon bras il y a son coude. Il est dur et pointu.

De ses souliers tombent des petits morceaux de terre du jardin.

Personne ne me regarde. Ils ne sont tous que dos et talons et nœuds des tabliers et pointes des fichus.

Ils se taisent tous.

Et ils se taisent aujourd'hui encore, mais ils m'excluent.

Et lui, il gagne la partie de cartes dominicale. Et il danse merveilleusement, l'homme à la boîte d'allumettes.

CHRONIQUE DU VILLAGE

Au milieu du village il y a l'église.

Les peupliers à côté de l'église forment une allée. L'allée, c'est beaucoup de vide et peu d'arbres. Chaque année les extrémités des branches des peupliers les plus hautes poussent de cinq centimètres et les branches basses se dessèchent sur quinze centimètres. Les cimes des arbres sont en surface ombragées et vertes, mais à l'intérieur elles sont sèches et dénudées. Toute l'année, du bois mort se casse et tombe sur le sol.

Il y a des années, le professeur de sciences naturelles entreprit de faire mesurer les peupliers au cours de sciences naturelles. Plus tard, quand on appela les cours de sciences naturelles cours d'agronomie, les écoliers semèrent au printemps de la salade, en été des radis et en automne du blé d'hiver dans un long carré étroit pour étudier l'assolement.

Depuis qu'au village il y a seulement onze écoliers et quatre professeurs qu'on appelle tous ensemble l'école primaire, le professeur de gymnastique enseigne aussi l'agronomie. Depuis, au cours d'agronomie on s'exerce au saut en longueur au-dessus d'une cuve de sable perpétuellement humide et on joue à la balle aux prisonniers, en été avec des ballons, en hiver avec des boules de neige. Pour ce jeu les élèves se partagent en deux peuples. Celui qui a été touché par la balle doit reculer derrière la ligne de tir parce qu'il est mort et regarder jusqu'à ce que tous les autres de son camp aient été tués, ce qu'on appelle au village être tombés. Le professeur de gymnastique a des difficultés à partager les élèves. C'est pourquoi après chaque cours il note à quel peuple appartient chaque élève. Celui qui au cours précédent avait pu être un Allemand doit être un Russe au cours suivant, et celui qui était un Russe au cours précédent peut à présent être un Allemand. Il arrive que le professeur ne réussisse pas à convaincre un nombre suffisant d'élèves d'être des Russes. Quand le professeur ne sait plus quoi faire, il dit que nous sommes tous des Allemands, et que ça saute. Comme les élèves ne comprennent pas pourquoi on devrait encore se battre dans ces conditions, ils se partagent en Saxons et Souabes.

En été les élèves ont aussi de l'encre rouge avec eux et ils se peignent des taches rouges sur la peau et sur leurs chemises quand ils ont été tués.

Le professeur de gymnastique, donc le directeur de l'école qui est aussi professeur de musique et d'allemand, assure aussi depuis quelques jours les cours d'histoire, car ce jeu convient aussi pour l'enseignement de l'histoire.

À côté de l'école se trouve le jardin d'enfants. Les enfants chantent des chansons et récitent des poèmes. Les chansons parlent de randonnées et de chasse, les poèmes de l'amour pour la mère et pour la patrie. Quelquefois la jardinière d'enfants qui est encore très jeune, ce qu'on appelle au village une jeunesse, et une bonne accordéoniste, apprend aux enfants des rengaines dans lesquelles il y a aussi des mots anglais comme darling ou love. Il arrive quelquefois que les garçons mettent la main sous la jupe des filles, regardent par la fente large d'un doigt dans la porte des toilettes des filles, ce que la jardinière d'enfants appelle une honte. Parce que cela se produit de temps en temps, on organise des réunions de parents au jardin d'enfants, ce qu'on appelle au village des entretiens avec les parents. Au cours des réunions de parents la jardinière d'enfants donne des instructions aux parents, ce qu'on appelle au village des conseils, pour punir leurs enfants. La punition la plus recommandée qui convient à chaque délit est de consigner l'enfant à la maison. Pendant une à deux semaines les enfants n'ont plus le droit après l'école de ressortir dans la rue une fois rentrés à la maison.

À côté du jardin d'enfants il y a la place du marché. Sur la place du marché des moutons, des chèvres, des vaches et des chevaux furent vendus et achetés pendant des années. À présent quelques hommes emmitouflés, qui apportent sur leurs camions des porcelets dans des caisses en bois, viennent des villages voisins une fois au printemps. Les porcelets ne sont vendus et achetés que par paires. Les prix dépendent moins du poids que de la race, ce qu'on appelle au village la sorte. Les acheteurs viennent avec un voisin ou quelqu'un de leur famille et examinent la constitution des porcelets, ce qu'on appelle au village la stature : ont-ils des pattes, des oreilles, des groins, des soies courtes ou longues, ont-ils des queues tire-bouchonnées ou raides ? Les porcelets aux soies tachetées ou aux yeux de couleurs différentes qu'on appelle au village des porcelets de mauvais augure, le vendeur doit les remettre dans leur caisse et les remporter s'il ne veut pas les vendre à moitié prix.

Outre les porcs, les gens du village élèvent des lapins, des abeilles et des volailles. Volailles et lapins sont appelés dans les journaux les petits bestiaux, et ceux qui élèvent des volailles et des lapins des éleveurs de petits bestiaux.

Les gens du village ont, en plus des porcs et des petits bestiaux, des chiens et des chats que l'on ne peut plus distinguer les uns des autres parce qu'ils se sont accouplés depuis des dizaines d'années.

Les chats sont plus dangereux que les chiens, ils s'accouplent, ce qu'au village on appelle copuler, aussi avec les lapins.

Le doyen du village, qui a survécu à deux guerres mondiales et à beaucoup d'autres choses ainsi qu'à de nombreuses autres personnes, avait un gros matou roux. Sa lapine a eu trois fois de suite une portée de petits tachetés gris et roux, ce qu'au village on appelle mettre bas, qui miaulaient et que le doyen du village a noyés à chaque fois. La troisième fois, le doyen du village a pendu son chat. Depuis sa lapine a eu à deux reprises une portée de petits au pelage rayé et après sa deuxième portée le voisin a pendu son matou au pelage rayé. La dernière fois la lapine a eu une portée de petits aux longs poils crépus, car dans la rue voisine ou dans le village voisin un matou qui était un croisement entre un chien et un chat du village avait ce genre de pelage. Comme le doyen du village ne savait plus que faire, il a abattu et enterré sa lapine, car il ne voulait pas manger la chair de cette bête qui des années durant n'avait eu que des chats dans le ventre. En Italie, tout le village le sait, le doyen du village a mangé de la viande de chat pendant toute sa captivité. Mais ce n'est pas une raison suffisante, pense le doyen du village, pour supporter la lubricité de sa lapine, parce qu'un village souabe, Dieu merci, souligne-t-il, ne se trouve pas en Italie, bien qu'il ait parfois l'impression qu'il pourrait être en Sardaigne. Mais les habitants du village imputent cette impression à ses artères bouchées et disent que dans sa tête le sang est déjà trop épais.

À côté de la place du marché il y a le siège du Conseil du peuple, ce qu'au village on appelle la maison communale. Le bâtiment du Conseil du peuple tient à la fois d'une ferme et d'une église de village. De la ferme il a la véranda ouverte, entourée d'une rambarde soutenue par des piliers, les petites fenêtres sombres, les volets roulants marron, les murs badigeonnés en rose et le soubassement vert. De l'église de village il a les quatre marches d'accès, le cintre au-dessus de l'entrée, la porte pleine à deux battants et à œilleton grillagé, le silence dans les salles et les chouettes et les chauves-souris dans le grenier qu'au village on appelle de la vermine.

Le maire qui au village est appelé le juge préside ses réunions dans la salle communale. Parmi les assistants il y a des fumeurs qui fument l'air absent, des non-fumeurs qui ne fument pas et dorment, des alcooliques qu'au village on appelle des ivrognes et qui ont des bouteilles sous leurs chaises, et aussi des non-alcooliques et non-fumeurs qui sont débiles et qu'au village on appelle des gens comme il faut, qui font semblant d'écouter, mais pensent à tout autre chose, si toutefois ils sont capables de penser.

Même les étrangers qui viennent au village se

rendent au Conseil du peuple parce que, s'ils ont besoin, ils vont dans la cour derrière et pissent, ce qu'au village on appelle se délester. Les cabinets qui se trouvent dans la cour derrière le Conseil du peuple sont des cabinets publics sans porte ni toit. Malgré les nombreuses ressemblances entre le Conseil du peuple et l'église, il n'est encore jamais arrivé qu'un étranger au lieu d'aller au Conseil du peuple se rende à l'église, car l'église est reconnaissable à sa croix, le Conseil du peuple à son tableau d'honneur qu'au village on appelle la vitrine d'honneur. Dans la vitrine d'honneur des journaux sont affichés qui sont remplacés quand ils sont complètement jaunis et illisibles.

À côté du Conseil du peuple se trouve le salon de coiffure qu'au village on appelle la salle du coiffeur. Dans la salle du coiffeur il y a une chaise devant un miroir, un poêle à charbon dans un coin et un banc en bois contre le mur sur lequel les clients, qu'au village on appelle les hôtes du barbier, sont assis et dorment, ce qu'au village on appelle attendre.

Parmi les hôtes du barbier personne n'a plus de cent ans. En plus de se faire faire la barbe, tous les hôtes du barbier se font couper les cheveux, même ceux qui n'ont plus de cheveux. Le coiffeur, qu'au village on appelle barbier, aiguise le rasoir, après avoir rasé chaque client, sur un cuir à rasoir qui oscille et se met à bourdonner, et il frotte le visage des hôtes du barbier les plus jeunes, ceux qui ont moins de soixante-dix ans, avec du parfum, pour les plus âgés avec de l'esprit de vin, car il n'est pas convenable, au village on appelle cela inconvenant, qu'un homme âgé sente le parfum, au village on appelle cela empester le parfum.

À côté du salon de coiffure et devant le Conseil du peuple, on a coulé une dalle de béton qu'au village on appelle la place de la Kermesse. Sur cette dalle en béton les couples de la kermesse dansent.

Depuis que le village devient plus petit parce que les gens, s'ils n'émigrent plus en Allemagne, émigrent au moins à la ville, les fêtes de la kermesse deviennent de plus en plus importantes, les costumes traditionnels de plus en plus fastueux, si bien que les journaux ne peuvent pas éviter de décrire en détail chaque kermesse de chaque village qui dans les journaux sont appelés grande commune ou au moins commune. Étant donné que chaque kermesse dans chaque village a lieu un dimanche différent, tous les couples de la kermesse se rendent avant ou après leur propre kermesse, qu'au village on appelle fête de la kermesse, à la kermesse du village voisin, ce qu'au village on appelle faire jeu égal. Mais comme au Banat tous les villages sont des villages voisins, ce sont les mêmes couples, les mêmes spectateurs et les mêmes fanfares qui participent à toutes les fêtes de kermesse. Grâce aux fêtes de kermesse, la jeunesse de tout le Banat se connaît, et c'est ainsi que des mariages entre les villages sont souvent conclus, si les parents se laissent convaincre que les deux jeunes gens, bien que n'étant pas du même village, sont malgré tout des Allemands.

À côté du salon de coiffure il y a la coopérative, qu'au village on appelle le magasin, qui mesure cinq mètres carrés et propose casseroles, fichus, confitures, sel, pantoufles en futaine, et une pile de livres datant du début des années soixante. La vendeuse est diabétique et certainement du village voisin parce qu'on y trouve une pâtisserie appelée « pâtis » et le nom de Franziska.

Dans notre village, les femmes s'appellent Magdalena, qu'au village on appelle Leni, ou Theresia, qu'au village on appelle Resi. Les hommes de notre village s'appellent Matthias, qu'au village on appelle Matz, ou Johann, qu'au village on appelle Hans. Les noms de famille dans notre village sont des noms de métier : Schuster, cordonnier, Schneider, tailleur, Wagner, charretier, et des noms d'animaux : Wolf, loup, Bär, ours, Fuchs, renard. En dehors de ces noms, il existe dans notre village deux autres noms : Schauder, horreur, et Stumper, bon à rien, dont personne ne sait d'où ils viennent. Quelques soi-disant chercheurs en linguistique du Banat ont prouvé dans de soi-disant recherches linguistiques que ces noms sont nés de la déformation d'autres noms. En dehors de ces noms, il y a encore au Banat des surnoms, qu'au village on appelle des sobriquets : Schmalzbauer, fabricant de graisse, Geizhals, avare.

À côté de la coopérative il y a la maison de la culture. Dans la maison de la culture ont lieu, quand il pleut, la kermesse et les mariages, quand il pleut, grêle, neige ou même quand il fait beau. La maison de la culture a elle aussi quatre marches, une épaisse porte pleine, en bois, avec un œilleton grillagé, une entrée voûtée, des petites fenêtres sombres, des volets roulants bruns et de la vermine dans le grenier. Dans une petite pièce où il fait noir comme dans un four et où il y avait auparavant l'appareil de projection pour le cinéma, on a installé, depuis que personne ne va plus au cinéma, mais que les mariages sont de plus en plus nombreux, un fourneau, qu'au village on appelle un poêle économique, avec bouilloire incorporée. Depuis que le sol pourri a été remplacé par un parquet, les invités âgés aux mariages, qu'au village on appelle le cortège du mariage, dansent à nouveau la polka à la place de la valse ou du fox-trot.

À côté de la maison de la culture, il y a la poste. La poste a deux employés : le postier, qu'au village on appelle le facteur, et la téléphoniste, qu'au village on appelle la postière et qui est la femme du postier. La postière tamponne le courrier qui arrive et le courrier à envoyer après la levée, car elle n'est que très rarement occupée par le téléphone. La postière connaît toutes les lettres de l'intérieur et de l'extérieur, et donc les pensées les plus secrètes des gens du village.

À côté de la poste il y a la police. Le policier, qu'au village on appelle Le Bleu, vient de temps en temps dans une petite pièce, qu'au village on appelle bureau, dans laquelle il y a une table de travail vide et une chaise, il va à la fenêtre et aère la pièce, jusqu'à ce qu'il ait fini de fumer sa cigarette étrangère, puis referme la fenêtre, accroche à nouveau le cadenas à la porte et va à la poste. Pendant des heures il reste ensuite avec la postière assise derrière son guichet surélevé. Le village a trois ruelles secondaires qu'au village on appelle des rues de derrière, car l'une passe derrière l'école et mène à la coopérative agricole, une deuxième longe l'arrière du magasin collectif et mène à la ferme d'État, la troisième passe derrière la poste et mène au cimetière.

Les ruelles secondaires sont formées de rangées de maisons. Les maisons des rangées de maisons sont toutes crépies du même rose, ont le même soubassement vert et les mêmes volets roulants bruns. Elles ne se différencient que par les plaques portant leur numéro.

Dans les ruelles secondaires, on entend tôt le matin, quand il fait encore nuit, les poules caqueter et les oies cacarder et jacasser. Lorsque dehors il fait grand jour, ce qu'au village on appelle clair comme le jour, les caquètements,

jacassements, cacardements sont recouverts par
les voix des femmes, qu'au village on appelle
des ménagères, qui se font la conversation par-
dessus les clôtures et les jardins, ce qu'au village
on appelle papoter. Les jardins sont toujours
piochés et sarclés de frais, ce qu'au village on
appelle entretenus.

Au village les maisons sont propres. Les
ménagères nettoient, lavent, balaient et brossent
toute la journée, ce qu'au village on appelle être
une bonne femme d'intérieur. Le samedi, les
tapis persans aussi grands que la cour, qu'au
village on appelle les persans, sont accrochés sur
les clôtures. On les bat, brosse, peigne pour les
remettre ensuite dans la pièce d'apparat qu'au
village on appelle la belle pièce. Dans cette belle
pièce il y a des meubles sombres lustrés, en ceri-
sier ou en tilleul, ou plaqués de noyer ou de bois
de rose.

Sur les meubles il y a des bibelots qu'au village on appelle des figurines et qui représentent
différents animaux, insectes et papillons et jusqu'à des chevaux. Les lions, les girafes, les élé-
phants et les ours polaires sont très prisés, car
ces animaux ne vivent pas dans la région du
Banat, que dans les journaux on appelle Pays du
Banat et qu'au village on appelle le pays, mais
qui vivent dans d'autres pays qu'au village on
appelle l'étranger.

Le doyen du village souhaite depuis de

années aller à l'étranger qu'on appelle au village l'Ouest, rendre visite à un vieil ami rencontré du temps où il était prisonnier de guerre pour voir de vrais lions.

Aux fenêtres des rideaux en nylon sont accrochés qu'au village on appelle des rideaux en dentelle. De nombreuses ménagères se font apporter de l'étranger des rideaux en dentelle par leur famille et leur donnent en échange de ce beau cadeau quelques kilos de saucisses faites maison ou un jambon fumé. Les rideaux le valent bien, disent-elles, car, étant donné qu'on les installe dans des pièces inutilisées, qu'au village on appelle préservées, ils se conserveront pour les enfants et les petits-enfants, qu'au village on appelle les enfants des enfants.

Les maisons ont des cours séparées en deux parties, qu'au village on appelle cour avant et cour arrière. Dans les cours avant, sous des vignes en espalier aussi hautes que les maisons et au milieu des buissons de roses bien taillés, il y a les nains de jardin multicolores et les grenouilles vertes, qu'au village on appelle grenouilles de jardin. Dans la cour arrière il y a le poulailler et les pièces sombres pleines de vapeur où on fait la cuisine, mange, lave, repasse et dort, qu'au village on appelle la cuisine d'été. Les gens du village divisent la semaine selon ce qu'ils cuisinent entre les jours de viande et les jours de farine. Les gens du village mangent gras, salé et

poivré. Lorsque le médecin du village leur interdit les gras, le sel et le poivre, ils mangent sans
gras, sans sel, sans poivre et disent au cours du
repas que rien n'est plus important que la santé
et que la vie n'est plus belle lorsqu'on ne peut
plus manger de tout, et : un bon repas fait oublier
les tracas.

Au-delà des ruelles secondaires s'étendent les
champs de la coopérative agricole et de la ferme
d'État. Les champs sont grands et plats. Les
plantes souffrent en hiver du gel, ce qu'au village on appelle mourir de froid, au printemps de
l'humidité, ce qu'au village on appelle mourir
de pourriture, en été de la canicule, ce qu'au
village on appelle mourir de sécheresse. Et en
automne la saison des récoltes est la saison des
pluies, que dans les journaux on appelle cam-
pagnes de récolte, qui dans les journaux se ter-
mine en octobre, et au village la récolte n'est pas
encore finie en décembre. Les trous profonds
que l'on voit dans les champs en hiver ne sont
pas des sillons tracés par les charrues, mais les
traces de pas des paysans qui pendant la récolte
s'enfoncent dans le sol jusqu'au-dessus de leurs
bottes. Plus d'un paysan dit que depuis la natio-
nalisation, qu'au village on appelle expropriation, il n'y a plus eu de véritable récolte. Depuis
l'expropriation, disent les paysans, même le
meilleur des sols ne vaut rien et le doyen du
village prétend qu'entre le sol de son propre jar-

din et celui des champs il y a une grande différence, une différence si grande comme si ce
n'avait jamais été un seul et même sol.

La terre qui entoure le village appartient à la
coopérative agricole et à la ferme d'État. La
terre de la coopérative se trouve au bout de la
première des ruelles de derrière, et celle de la
ferme d'État au bout de la seconde.

Font partie de la coopérative le président qui
est le frère du maire, quatre ingénieurs dont un
est chargé des mauvaises herbes, un des sept
vaches et des onze porcs, un des trois hectares de
concombres et des deux hectares de tomates, un
des trois tracteurs, et les sept paysans de la coopérative, qui ont plus de cinquante ans et qu'au village on appelle les membres de la coopérative, et
auxquels les ingénieurs s'adressent en leur disant
mon gars et ma fille. Pendant les réunions les
ingénieurs attribuent la responsabilité des mauvaises récoltes et des dettes de la coopérative au
sol, trop sablonneux pour les céréales, et pas
assez sablonneux pour les légumes. Le sol est bon
pour les chardons et le liseron des champs qui
étouffent les céréales et les légumes que les ingénieurs appellent les cultures. L'ingénieur responsable des mauvaises herbes dit que le sol de la
coopérative est trop acide et trop collant.

Font partie de la ferme d'État un président
qu'au village on appelle le directeur, qui est le
beau-frère du maire et le frère du président de la

coopérative, cinq ingénieurs dont un responsable des neuf vaches et des quinze porcs, un
des six hectares de carottes et des dix hectares
de pommes de terre, un des céréales, un des
vergers, qu'au village on appelle pépinière, et
cent ouvriers qui habitent dans les poulaillers de
la ferme d'État laissés à leur disposition. Les
ingénieurs attribuent la responsabilité des mauvaises récoltes au sol qui est trop salin pour les
céréales et ne l'est pas assez pour les légumes et
les arbres fruitiers. Bon, le sol l'est pour les
coquelicots et les bleuets qui illuminent les
champs de leurs couleurs et dont les couleurs
vives, comme disent les ingénieurs, rendent bien
même sur les photos. Le précédent ingénieur
responsable des mauvaises herbes a, l'an dernier, obtenu le premier prix, grâce aux couleurs
vives des coquelicots et des bleuets, pour une
photo en couleurs montrée dans une exposition
de l'amitié des photographes roumains et bul-
gares à Craiova, ce qu'au village on appelle
gagner. Le prix était un voyage en Italie. Depuis
lors, c'est le brigadier qui est le cousin du maire
et du président de la coopérative et du président
de la ferme d'État qui est responsable des mauvaises herbes.

Au bout la troisième ruelle de derrière s'étend
le cimetière. Le cimetière a une haie de prunelliers et une lourde porte en fer noire. Au bout
de l'allée principale se dresse la chapelle, répli-

que de l'église du village en miniature, on dirait une cuisine d'été un peu améliorée.

La chapelle a été bâtie, ce qu'au village on appelle fondée, avant la Première Guerre mondiale par le boucher de l'époque qui, après avoir survécu à la guerre, avait fait le voyage à Rome où il avait vu le pape qu'au village on appelle le Saint-Père. Sa femme qu'au village on appelait la bouchère, bien qu'elle fût couturière, mourut quelques jours après l'achèvement de la chapelle et fut enterrée dans le caveau de famille sous la chapelle, ce qu'au village on appelle inhumée.

Sous la chapelle il y a des serpents en plus des vers et des taupes qu'on trouve partout dans le cimetière. Grâce à la répulsion que lui inspirent les serpents, le boucher est encore en vie aujourd'hui, il est le doyen du village.

Tous les morts, à l'exception de la bouchère, sont enterrés dans des tombes, ce qu'au village on appelle reposer. Les morts du village ont mangé à en crever, ont bu à en crever, ce qu'au village on appelle se tuer à la tâche. Des exceptions sont les héros dont on suppose qu'ils ont combattu jusqu'à la mort. Au village il n'y a pas de suicidés, car tous les habitants ont un solide bon sens qu'ils ne perdent pas, même à un âge avancé.

Les héros, qu'au village on appelle tombés, sont enterrés deux fois dans le même cimetière, pour prouver qu'ils ne sont pas morts pour rien, ce qu'au village on appelle une mort héroïque, parce qu'on suppose sans doute qu'ils l'ont cherchée : une fois dans la tombe de leur famille et une fois sous la croix des héros. En réalité ils reposent quelque part ailleurs dans une fosse commune, ce qu'au village on appelle portés disparus. Ceux qui sont tombés ont généralement des obélisques blancs ou gris sur le tertre de leur tombe. Les morts qui possédaient autrefois des terres ont à présent des croix en marbre blanc au-dessus de leur tête. Leurs journaliers, qu'au village on appelle des valets, ont des croix en fer-blanc et les servantes célibataires mortes à la fleur de l'âge, qu'au village on appelle des domestiques, ont des croix de bois peintes en noir au-dessus de leur tête morte. Ainsi on voit au cimetière, quand un mort est enterré, si ses ancêtres, qu'au village on appelle ses aïeux, étaient maîtres ou esclaves.

La plus grande croix est la croix des héros. Elle est plus haute que la chapelle. Dessus sont inscrits les noms de tous les héros de tous les fronts de toutes les guerres, y compris de ceux qui sont portés disparus, au village on dit les déplacés.

Je referme la porte noire du cimetière derrière moi. Au-delà du cimetière s'étendent les pâturages, qu'au village on appelle les prés communaux. Dans les pâturages s'élèvent des arbres isolés.

Je grimpe sur un arbre qui se trouve au bord du pré, il pourrait tout aussi bien se trouver au centre du village, au cas où il ne se trouve pas du tout au centre du village. Je me tiens à deux mains à une branche et je vois l'église du village voisin sur la troisième marche de laquelle une coccinelle se nettoie l'aile droite.

LA RAIE ALLEMANDE ET LA
MOUSTACHE ALLEMANDE

Récemment un homme de ma connaissance
revint d'un village des environs. Il voulait rendre
visite à ses parents.

Dans le village toute la journée se passe dans
la pénombre, dit-il. Il n'y a ni jour ni nuit. Il n'y
a ni aube ni crépuscule. La pénombre est sur
tous les visages.

Il ne reconnut personne bien qu'il ait vécu de
nombreuses années dans ce village. Tous les
gens avaient les mêmes visages gris. Il passa à
tâtons devant ces visages. Il les salua, mais ne
reçut aucune réponse. Il se heurta constamment
à des murs et des clôtures. Parfois il traversa les
maisons construites en travers du chemin.
Toutes les portes se refermèrent derrière lui en
grinçant. Lorsqu'il n'y eut plus aucune porte
devant lui, il sut qu'il était à nouveau dans la
rue. Les gens parlaient, mais il ne comprenait
pas leur langue. Il ne pouvait pas non plus distinguer s'ils marchaient près ou loin de lui, s'ils

se déplaçaient dans sa direction ou s'éloignaient de lui. Il entendit une canne frapper contre un mur et demanda à un homme où se trouvaient ses parents. L'homme proféra une longue phrase dans laquelle plusieurs mots rimaient et d'un mouvement de sa canne montra le vide.

Sous une ampoule électrique un panonceau était accroché, dessus il était écrit *Coiffeur*. Le coiffeur vida dans la rue, par la porte, le contenu d'une écuelle en fer-blanc pleine d'eau et de mousse blanche. L'homme de ma connaissance entra dans la pièce. Des hommes âgés étaient assis sur des bancs et dormaient. Dès que c'était leur tour, le coiffeur les appelait par leur nom. Son cri réveilla quelques-uns des dormeurs et ils répétèrent tous en chœur le nom qui avait été appelé. Celui qui avait été appelé se réveilla et pendant qu'il s'asseyait sur la chaise devant le miroir, les autres se rendormirent.

Raie allemande ? demanda le coiffeur.

Celui à qui la question s'adressait fit signe que oui et regarda muet le miroir. Apparemment les hommes sur les bancs dormaient sans reprendre leur respiration. Ils étaient figés comme des cadavres. On entendit les ciseaux cliqueter dans la pièce.

Le coiffeur vida l'écuelle en fer-blanc dans la rue par la porte. Le jet de l'eau passa tout près de l'homme de ma connaissance. Il était adossé au chambranle de la porte. Le coiffeur pointa les lèvres comme s'il sifflait. Mais il ne siffla pas. Il jeta un regard sévère aux visages des dormeurs. Puis il claqua des doigts. Tout à coup le coiffeur appela le nom de son père. Quelques hommes se réveillèrent et répétèrent en chœur, les yeux écarquillés, le nom de son père. Un homme au visage gris et à la moustache noire recourbée se leva et se dirigea vers la chaise. Les hommes sur les bancs se rendormirent.

Raie allemande ? demanda le coiffeur.

Raie allemande et moustache allemande, dit l'homme. Dans la pièce on entendit cliqueter les ciseaux et les poils de la moustache tombèrent sur le sol.

L'homme de ma connaissance s'avança sur la pointe des pieds vers la chaise. Père, dit-il, l'homme sur la chaise regarda obstinément le miroir. Le coiffeur tenait en l'air les ciseaux grands ouverts. Il tourna sa main aux doigts écartés et les fit pivoter une fois autour de son pouce. L'homme de ma connaissance retourna à sa place et s'adossa de nouveau au chambranle de la porte. Le coiffeur, les doigts en éventail, épousseta l'homme sur la chaise, pour enlever les poils tombés dans le cou. Une poussière grise planait entre les visages devant le miroir. Le coiffeur vida l'écuelle dans la rue par la porte. L'homme se glissa alors dehors par la porte en passant juste à côté du jet. L'homme de ma connaissance sortit dans la rue sur la pointe des pieds. L'homme marchait devant lui, ou était-ce un autre homme. La pénombre tomba juste devant son visage. Il ne vit plus si la personne s'avançait vers lui ou s'éloignait. Puis il remarqua que l'homme s'éloignait, mais en s'en allant il semblait s'enfoncer bien que la rue fût plane. L'homme de ma connaissance se heurta à plusieurs murs et clôtures. Il se rendit à la gare en traversant plusieurs maisons construites en travers du chemin.

En marchant il sentit de sévères douleurs dans le dos et il sut qu'il s'était tenu très longtemps appuyé contre le chambranle de la porte. Il sentit de fortes douleurs dans les doigts et il sut qu'il avait poussé de nombreuses portes. Lorsque le train s'approcha de la gare, il sentit de fortes douleurs à la gorge et il sut qu'il avait parlé tout seul pendant tout ce temps.

Il ne vit pas le chef de gare. Mais le chef de gare donna un long coup de sifflet strident. Le train déplaça beaucoup d'air. Le train enroué siffla brièvement. Au milieu de la pénombre et de la vapeur du train il y avait un arbre, juste à côté des rails. L'arbre était complètement sec. Sur son tronc il y avait encore le panneau. Du train qui s'en allait, l'homme de ma connaissance vit que sur le panneau il n'y avait plus comme autrefois le nom du village, mais seulement GARE.

LE BUS INTERRÉGIONAL

Le chemin qui mène au bus traverse tout le village. La mère se tenait derrière la clôture et me regardait sans me faire signe de la main.

Ensuite je n'étais plus que des bagages. J'étais assise dans le bus entre des champs vides.

Un homme traversait les cultures, seul. C'était un homme intégral, à demi fou, à demi ivrogne.

Il n'avait plus de cesse l'accablement ronronnant aux relents de gnôle dans le bus.

Gerlinde, pourquoi le laisses-tu boire, tu es pourtant assise à côté de lui, cria une femme debout tout à fait à l'avant, derrière le chauffeur. Un enfant potelé, muet, releva la tête. Tu n'as pas de jugeote, Franz, dit-elle à un homme aux pommettes écarlates, accroché d'une main à la barre du filet à bagages et en train de se passer l'autre, avec un index sans ongle, dans les cheveux et sur la nuque.

Regarde comme tu transpires, ça ne sert à rien de te donner une chemise propre, même ça, ça ne suffit pas à faire de toi un être humain.

Les chrysanthèmes enveloppés dans un papier tremblaient dans le filet à bagages. Dans les virages des fleurs rêches et raides se cassaient.

Il ne manquait plus que ça, les fleurs, ces fleurs typiques de la Valachie, elles puent tellement qu'elles donnent mal au cœur, dit une femme.

Ces femmes souabes recommencent à remplir le bus de leurs caquètements, dit un homme.

Un Tzigane était assis sur la roue de secours et se fourrait des pépins de courge dans le coin gauche de la bouche et crachait les écorces du côté droit.

Eux ils bouffent tout. Hier il y en avait trois au village avec une voiture noire. Tous les trois en costume. Ils ont ramassé des poules mortes, ils ont entendu parler de la maladie des poules. Les poules de la mère ont toutes crevé, sauf trois. On ne s'aperçoit de rien. Elles caquettent et s'effondrent, et les voilà mortes. Eux, ils ont des autos, les gens comme nous n'ont jamais autant d'argent. Les gens comme nous ne bouffent pas les poules mortes, et ils sont quand même toujours malades, ils mangent sans sel, sans poivre, sans sucre et sans graisse.

Hier après-midi mon mari était chez le barbier, c'est lui à présent qui arrache les dents au village. Le dentiste ne vient plus. Les dents

gâtées, c'est une maladie du village, il a dit,
même les canines des enfants sont gâtées.

Et à chaque fois cent lei pour une dent, maintenant ça suffit, j'ai dit, avec les bridges dans la
gueule, arrache-les toutes et fais-toi faire un
dentier, j'ai dit.

Franz, remets enfin la bouteille de gnôle dans
ta poche. Cette boisson en a mené plus d'un
sous terre.

Les hommes on ne peut rien leur dire, le
mien il pourrait être encore en vie aujourd'hui,
mais leur expliquer c'est du temps perdu.

C'est bien mieux quand ils crèvent, ensuite
on a la paix.

Oui, mais ils crèvent seulement quand ils
t'ont bouffé ta vie.

Sur le bord du chemin il y avait encore des
plaques d'eau de la veille, immobiles et d'un
bleu métallique. Des charrues rouillées et des
sacs d'engrais éventrés. Dans le bus ça sentait
l'essence, la gnôle et la pisse. La chaleur était de
l'air vicié et moite, elle était ronronnement.

Les secousses, en traversant un pont, firent claquer les dents dans la bouche d'un homme
endormi et sa tête glissa du dossier dans le vide. Il
se réveilla en sursaut. Ses yeux étaient troubles et
son visage perturbé. Pendant quelques minutes,
il ne sut pas où il se trouvait. La peur bloqua sa
respiration.

Du filet à bagages des gouttes de jus de raisin

rouge sang tombèrent sur l'arrière d'un crâne. Au milieu du crâne un trou poisseux s'était formé, comme un nid. À qui est ce sachet, demanda celui sur le crâne de qui le jus s'égouttait, et personne ne dit mot.

Il ouvrit la vitre et jeta le sachet par la fenêtre.

Quel salaud, dit une femme à mi-voix, et lorsqu'il regarda dans sa direction elle ajouta à haute voix, le sachet n'était pas à moi, mais tu es quand même un salaud.

D'un côté les rideaux étaient tirés. Le ciel était rouge et faisait mal aux yeux.

L'enfant potelé et muet mordillait sa tresse, et la femme à côté le regarda en disant bof. L'enfant détourna les yeux et mordit encore plus profondément dans la tresse.

Le bus passa devant des murs d'un rouge éclatant qui n'avaient pas de fenêtres, seulement des enseignes des firmes, écrites en grands caractères noirs rehaussés de grands points noirs. Qui ne formaient jamais un mot.

Chez eux même les clôtures sont rouges, dit un homme.

Hier dans l'équipe de nuit, les deux mains d'un jeune garçon ont été sectionnées par la presse de cinq tonnes. Le contremaître a renvoyé un ajusteur avec une bouteille de gnôle et remplacé les ampoules manquantes. Au vestiaire ils ont surpris l'ajusteur en train de servir de la gnôle au garçon. Ils s'en sont pris à l'ajusteur, il est à l'hôpital.

La ville commence en plein champ, dit une femme. J'ai entendu dire qu'en ville les places au cimetière sont désormais très chères. Même celles tout au fond. Beaucoup veulent être dans la première rangée.

Notre cimetière est très marécageux et les parties sèches à côté de l'allée centrale sont pleines de taupes noyées. Un jour les taupes vont creuser sous la chapelle et provoquer son effondrement.

Un homme posa un panier en osier sur ses genoux. En bâillant il donna à voir les trous entre ses dents et rentra le bord du tissu dans le panier. Quand les poules s'agitaient, de nouvelles bosses se formaient sur le tissu.

Une journée comme de granit. Des adolescents stationnaient devant les cinémas. Des filles sans charme se promenaient dans le parc. Des hommes qui se ressemblaient tous allaient de pair avec des femmes qui se ressemblaient toutes. La rivière charriait sa vase noire. Les arbres ne se reflétaient pas dans l'eau. Les nuages ressemblaient à des pierres grises.

L'enfant potelé et muet appuya la tête contre la vitre et se mit à marmonner. Il se mordit la langue lorsque le bus passa sur un nid-de-poule. Il marmonna quelque chose et pleura.

Le maïs jonche les champs et moisit. Les porcs ont bouffé la queue des porcelets. Ce doit être une maladie ou un vice.

Au printemps il a fondu beaucoup de neige, plus qu'il n'en était tombé. Alors tous les moutons ont crevé, sauf quelques-uns qui avaient déjà été abattus. Ils avaient des tumeurs au cerveau. Le berger en est mort de chagrin.

Franz, pourquoi la laisses-tu manger des haricots, tu es à côté d'elle. Recrache-les, Gerlinde, ils sont volés, dit l'homme.

L'enfant potelé et muet se dépêcha d'avaler et regarda tristement le grand sac plein de haricots. L'agronome referma la fermeture éclair du sac.

Une femme se mit à rire nerveusement. Aux grandes écoles ils apprennent à voler, dit-elle. Franz, mets-lui sa veste, on descend.

Viens ici, Gerlinde, dit l'homme, tu ne trouves pas la manche.

Le Tzigane sur la roue de secours enfila ses chaussettes et se glissa dans ses chaussures.

Le chauffeur jeta un regard dans le bus vide et eut un hoquet.

Boutonne ton manteau, Gerlinde, dit une femme.

LA MÈRE, LE PÈRE
ET LE PETIT

Meilleures salutations de la côte ensoleillée de la mer Noire. Sommes bien arrivés. Il fait beau temps. La nourriture est bonne. La cantine se trouve au sous-sol de l'hôtel et la plage est juste à côté de l'hôtel.

Il y a des cartes postales avec des levers de soleil, le sable y est noir, le ciel rouge et la mer rouge foncé.

Les enfants jouent avec de gros ballons en plastique. Quand ils les sortent de l'eau, ils ne voient pas le chemin devant eux.

Lorsque les pères se mêlent au jeu, les mères leur crient qu'ils n'ont pas plus de jugeote que leurs enfants.

Les gros ballons flottent toute l'année sur les cartes postales. Sur les cartes postales il fait toujours beau.

Les trains remplis de valises empilées traversent le pays. Les hommes ont les billets de toute la famille soigneusement rangés dans leur portefeuille.

Les premiers jours de vacances sont pleins de courbatures à cause des valises qu'on a portées et les visages de femme sont pleins de boutons à cause de la grande chaleur pendant le long voyage.

Les valises sont pleines d'objets du foyer, pleines du quotidien. Le petit qui ne mange que dans son bol personnel, orné d'un Donald, et avec sa petite cuiller, qui ne s'assoit que sur son pot, et ne peut pas dormir la nuit sans sa grande poupée.

Et la mère ne peut pas laisser ses bigoudis à la maison, ni le pyjama du père, ni sa robe de chambre à elle, ni ses chaussons ornés de pompons en soie.

Le père est le seul à la cantine en costume et cravate. Mais la mère ne veut pas qu'il en soit autrement.

Le repas tout prêt est sur la table, fume et fume encore, et une fois de plus la serveuse est aimable avec le père, et ce n'est certainement pas un hasard. Et le visage de la mère flétrit, la mère a la goutte au nez. Une veine du cou de la mère enfle, une mèche de cheveux lui tombe dans les yeux, la bouche de la mère tremble, la mère plonge sa cuiller au fond de son assiette de soupe.

Le père hausse les épaules, le père continue à regarder la serveuse et laisse dégouliner la soupe en la portant à sa bouche, il avance quand même les lèvres vers la cuiller vide et aspire la cuiller jusqu'au manche dans sa bouche. Le front du père est en sueur.

Et voilà que le petit a renversé son verre. L'eau goutte sur le sol à travers la robe de la mère, et voilà qu'il a mis sa cuiller dans sa chaussure, voilà qu'il a arraché les fleurs du vase et les a éparpillées sur la salade verte.

Le père perd patience, les yeux du père virent au blanc laiteux et sont froids comme de la glace, les yeux de la mère deviennent immenses et brûlants. C'est ton enfant à la fin, tout aussi bien que le mien. Le père, la mère et le petit passent devant le débit de bière.

Le père ralentit le pas, mais la mère dit qu'il est hors de propos de boire une bière, non il ne peut en être question.

Et le père déteste l'enfant rouge comme une écrevisse, brûlé par les coups de soleil dès le premier jour, il entend derrière lui la mère traîner les pieds, et sait, sans se retourner, que ces souliers-là aussi sont trop étroits pour elle, comme tous les autres, qu'aucun soulier au monde n'est assez large pour ses pieds, pour son petit orteil qui est toujours tordu et blessé et couvert d'un pansement.

La mère serre l'enfant contre elle et marmonne pour elle-même une phrase aussi longue que le chemin, que les serveuses sont des putains, des créatures dépravées, de pauvres choses qui n'arrivent à rien dans la vie. Le petit pleure et en marchant se suspend, puis se laisse tomber par terre, et les traces des doigts de la mère sont plus rouges que les coups de soleil sur ses joues.

La mère ne trouve pas la clé de la chambre et renverse son sac à main, le père est écœuré en voyant son portefeuille graisseux, ses billets éternellement froissés, son peigne poisseux, ses mouchoirs éternellement mouillés.

Et voilà, les clés sont finalement dans la poche de la veste du père, et les yeux de la mère se remplissent de larmes, et la mère se penche et pleure.

La lumière tressaute et la porte coince et l'ascenseur s'arrête. Le père oublie l'enfant dans l'ascenseur. La mère tambourine des deux mains sur la porte de la chambre.

L'après-midi il y a la sieste.

Le père sue et ronfle, le père est couché sur le ventre, le père enfouit son visage et tache l'oreiller avec sa salive. Le petit tire la couverture, la met en boule avec ses pieds, fronce les sourcils et récite, dans son rêve, le poème appris pour la fête de fin d'année du jardin d'enfants. La mère allongée reste éveillée et figée dans les draps mal lavés, sous le plafond de la chambre mal blanchie, derrière les vitres mal nettoyées. Sur la chaise il y a son ouvrage.

La mère tricote un bras, un dos, un col, la mère tricote une boutonnière dans le col.

La mère écrit une carte postale : ici on voit l'hôtel dans lequel nous logeons. J'ai marqué d'une croix notre fenêtre. L'autre croix en bas dans le sable indique l'endroit où nous prenons toujours nos bains de soleil.

Nous nous y rendons tôt le matin pour être les premiers, pour que personne d'autre ne prenne la place.

AUTREFOIS EN MAI

Tout était beau aussi, autrefois en mai.

Les truites, les truites il n'y en avait pas, mais j'avais un livre et dedans il y avait des truites arc-en-ciel, tout un tas, des truites perdues. Les mouettes étaient d'un beau gris et criaient famine, et je voulais qu'elles ne s'arrêtent jamais de pousser un aussi beau cri.

La mer avait de belles vagues troubles. Elles étaient sales, car elles rapportaient de la terre. Dans la mer la terre était belle car elle était de la vase.

Dans le lointain les beaux vaisseaux de guerre pourris manœuvraient et j'avais un peu peur du brouillard artificiel, et c'était beau.

Le sable grouillait de petits coquillages morts aux coquilles ouvertes et leur belle chair blanche étalait au soleil une souffrance tellement grisante.

Le sable grouillait d'algues charriées par la mer qui restaient froides et mouillées une fois mortes et se collaient, dans un beau frisson, à la plante blanche et lisse du pied, mais la plage était d'une beauté sauvage et déserte.

La plage était encore jonchée de branches mortes. Elles étaient joliment tordues et menaçantes, et quand le vent soufflait, il soufflait constamment, elles étaient prises de spasmes et en suffoquant elles ressemblaient aux truites de mon livre qui dans le livre ne suffoquaient pas, mais mouraient, et c'était beau.

Et les poissons dans la mer, je ne les voyais pas parce qu'ils ne venaient pas sur la plage, mais ils étaient beaux.

Et sur la plage les branches craquaient comme dans la forêt, car la plage était d'une beauté si solitaire. Les touffes d'herbes étaient âcres comme dans une aisselle en sueur et le vent soufflait si joliment qu'il caressait le joli visage figé du soleil.

Dans les kiosques il y avait du Coca froid et les bouteilles étaient belles, et après chaque goulée le froid glissait joliment sur mon dos. C'est seulement maintenant qu'on commençait à décrocher les articles de plage. Les soutiens-gorge des maillots de bain étaient joliment vides dans les vitrines et les chapeaux de paille n'étaient que jolies cavités grossières.

Les mains des filles qui les déballaient de leur mince papier glacé crépitaient. Et les filles étaient jeunes et belles. Et elles aussi, elles étaient vides et souriaient étrangement d'un air interrogatif, et c'était beau. L'une avait de beaux cheveux gras sur le front et celle du kiosque à journaux avait une belle verrue sur la joue avec un beau poil noir dedans. La fille du café avait dépassé la cinquantaine, et était agréablement antipathique, ce qui allait très bien avec la belle flétrissure sur son visage et elle avait quelque chose de la maigreur et de l'air hagard d'un oiseau des marais en train de couver et c'était beau.

Et les vieux pêcheurs dans le bistrot témoignaient d'une belle déchéance. Leurs barbes étaient ébouriffées et collées et ils buvaient et chantaient de beaux chants rauques de brigands et je voulais qu'ils ne s'arrêtent pas de chanter de si beaux chants rauques. Et ils tambourinaient sur les tables pour rythmer leurs chants avec leurs belles mains sales jusqu'à ce que les tables se balancent sur l'eau, et c'était beau.

Sous leurs ongles le sang était très vieux, très noir et très beau, et dans leurs yeux il y avait des belles mucosités vert clair et elles étaient encore plus mouillées et froides que les algues dans la mer. Et le sel dedans était plus dur et pas aussi transparent, et c'était beau.

Et quand ils avaient beaucoup bu, nageaient dans leurs yeux les beaux cadavres des poissons qu'ils avaient pris ce jour-là et leurs yeux pouvaient boire beaucoup et beaucoup mentir et ils étaient beaux et heureux. Et les cadavres qui flottaient dedans étaient beaux eux aussi et heureux. Oui, et la mer était ce qu'il y avait de plus beau.

Le sable était comme un prolongement de la mer, et j'étais étendue dessus comme sur les extrémités belles et froides de ses doigts. J'étais allongée sur le dos et je regardais en l'air. Sous les nuages les belles méduses visqueuses s'aimaient et la mer s'en couvrait d'écume.

Et elle respirait bruyamment, c'était beau, et j'en avais le tournis, mais je ne pouvais pas perdre l'équilibre car j'étais couchée sur le dos.

Et le sable allait et venait avec une telle beauté qu'on croyait qu'il était poussé par le vent, mais ce n'était pas le vent, et c'était beau.

Et après l'amour les belles méduses visqueuses se dévorèrent et la mer se calma et prit une teinte rougeâtre. Elle était pleine d'eau et pleine de sang et c'était beau.

Et là-haut il y avait le village et il fallait monter un grand nombre de marches aux angles vifs d'un beau gris, et là où les angles n'étaient pas vifs, elles étaient érodées et c'était beau.

Et je marchai aussi dessus, et des débris se détachèrent. Et à côté des marches il y avait une boîte à lettres rouillée et parfois le vent la heurtait, et on entendait à chaque fois le beau son creux de ses lettres.

Et tout était beau aussi, autrefois en mai au bord de la mer Noire.

Oui, j'ai oublié, tu étais beau toi aussi autre-fois.

Peut-être le sais-tu encore, je t'envoyais par-fois des cartes postales de la mer Noire, vierges, elles étaient belles.

LE BALAYEUR DES RUES

La ville est imbibée de vide.

Une auto m'écrase les yeux avec ses phares.

Le conducteur jure parce qu'on ne me voit pas dans l'obscurité.

Les balayeurs des rues sont de service.

Ils balaient les ampoules électriques, balaient les rues hors de la ville, balaient les logements hors des maisons, balaient les idées hors de la tête, me balaient d'une jambe sur l'autre, balaient mes pas hors de ma démarche. Les balayeurs lancent leurs balais à ma poursuite, leurs maigres balais sautillants. Le claquement de mes souliers sort de mon corps.

Je marche derrière moi, je tombe hors de moi, par-dessus bord.

À côté de moi le parc aboie. Les chouettes dévorent les baisers oubliés sur les bancs. Les chouettes ne me voient pas. Les rêves fatigués et usés sont tapis dans les buissons.

Les balais me balaient le dos parce que je m'appuie trop contre la nuit.

Les balayeurs des rues balaient les étoiles, en font un tas, les balaient sur leur pelle et les vident dans le canal.

Un balayeur des rues crie quelque chose à un autre balayeur des rues, qui le crie à un autre, qui le crie à un autre.

À présent tous les balayeurs des rues parlent en même temps. J'avance au milieu de leurs cris, dans l'écume de leurs apostrophes, je me brise, je tombe dans la profondeur des significations.

Je fais de grands pas. Je m'arrache les jambes en marchant.

Le chemin est balayé.

Les balais me tombent dessus.

Tout est sens dessus dessous.

La ville erre à travers champs vers on ne sait où.

L'OPINION

Il était une fois une grenouille qui avait les yeux particulièrement gros et mouillés. La grenouille travaillait dans une usine. Elle était ingénieur. À l'usine elle n'était pas bien vue ni des chefs ni des ouvriers. La grenouille avait une opinion sur tout et toujours. Et le pire était que cette opinion était une opinion personnelle qui était toujours différente de l'opinion des autres qui n'était qu'une opinion, l'opinion de l'ingénieur en chef, qui n'était que l'opinion du directeur, qui n'était que l'opinion du directeur général, qui n'était que l'opinion du ministre.

Et alors le ministre disait au directeur général, et alors le directeur général disait au directeur, et alors le directeur disait à l'ingénieur en chef, et alors l'ingénieur en chef disait aux ingénieurs, et alors les ingénieurs disaient aux ouvriers une opinion qui était l'opinion juste. Et alors l'opinion juste disait que le pire de tout était d'avoir une opinion fausse, qu'une opinion fausse était bien plus grave que pas d'opinion du tout, qu'une opinion fausse n'était pas comparable à ne pas avoir d'opinion, car ne pas avoir d'opinion était justement une opinion, même l'opinion du plus grand nombre, et même l'opinion juste.

Alors le directeur convoqua la grenouille. Alors le directeur offrit une longue cigarette à la grenouille. Alors le directeur sourit. Alors le directeur offrit un petit verre de whisky à la grenouille. Alors le directeur appela la grenouille mon cher collègue. Alors le directeur sourit. Alors le directeur demanda à la grenouille ce qu'était cette histoire d'opinion. Alors la grenouille sourit. Alors la grenouille dit que son opinion était toujours son opinion. Alors le directeur souligna qu'en conséquence l'opinion de la grenouille continuait à être son opinion personnelle. Alors le directeur rangea la bouteille de whisky dans le tiroir de son bureau. Alors il serra les lèvres, un trait sur son visage. Alors il appela la grenouille camarade. Alors le directeur dit que s'il en était ainsi, ce n'était plus aussi simple, que s'il en était ainsi c'était beaucoup plus compliqué. Alors le directeur fuma une longue cigarette. Alors il haussa les sourcils. Alors il dit qu'il savait que le camarade était très cultivé, mais que le camarade ne savait pas que dans la vie il en allait autrement que dans les livres, que dans la vie, la praxis, c'était hélas très différent. Alors la grenouille haussa les épaules. Alors le directeur regarda la grenouille l'air résolu. Alors il dit que chaque opinion qu'on adoptait devenait une opinion personnelle. Alors le directeur dit qu'il importait d'adopter la bonne opinion pour avoir une opinion personnelle. Alors le directeur dit que toute opinion personnelle était défendable si on la gardait pour soi. Alors la grenouille secoua la tête. Alors la grenouille retira ses mains de la table. Alors la grenouille dit qu'une opinion n'était pas une opinion si on ne l'exprimait pas. Alors le directeur planta ses coudes sur la table. Alors le directeur dit que c'était fondamentalement faux, mais s'il en était malgré tout ainsi, il devrait, s'il en était bien ainsi, se passer du camarade, tout en sachant que le camarade était un bon professionnel. Alors le directeur proposa à la grenouille une place à la station météorologique.

Alors la grenouille devint une grenouille météorologique. La grenouille devenue grenouille météorologique restait à longueur de journée assise dans les nuages qui passaient au-dessus de la ville. Alors la grenouille, dans les nuages, écouta le bulletin météorologique de la radio. Alors la grenouille, mouillée jusqu'aux os par la pluie, entendit à la radio qu'aujourd'hui il faisait grand beau temps et que le lendemain le temps serait tout aussi correct.

Alors la grenouille dit que le bulletin météorologique était un mensonge. Alors les autres grenouilles météorologiques haussèrent les épaules et regardèrent sans un mot la ville en bas.

Alors le directeur de la station météorologique convoqua la grenouille. Alors le directeur de la station météorologique dit à la grenouille qu'avec le temps les choses n'étaient pas aussi simples, que le temps n'était pas seulement le temps. Alors la grenouille répondit que le bulletin météorologique était un mensonge. Alors le directeur dit à la grenouille que décidément elle n'était pas un professionnel.

Alors le directeur de la station météorologique envoya la grenouille sur un nuage tout blanc qui flottait aux confins de la ville.

Alors la grenouille se retrouva toute seule sur le nuage blanc. Alors une brume blanche se leva et avala les souliers de la grenouille. Alors la grenouille regarda la ville en bas. Alors tout le nuage blanc s'éleva et engloutit la grenouille tout entière.

INGE

Pour un inspecteur

Lorsque à huit heures du matin Inge tira le rideau, elle vit une colonne de soldats défiler dans la rue. Les soldats avaient des uniformes verts et des visages verts. Leurs visages étaient émaciés, hâves et creusés. À côté des soldats marchait un gros homme vert qui disait : gauche-droite, gauche-droite, gauche-droite. Le gros homme vert avait un visage enflé aux pores énormes et verts et les yeux bordés de vert. Tout ce qu'Inge voyait de la ville, elle le voyait à travers les bras et les jambes des soldats.

Lorsque Inge fit le lit, il ressemblait à un caveau. Elle le recouvrit d'une couverture. À présent il ressemblait à un cercueil. La fenêtre de la chambre était la vitre d'un aquarium et la chambre était sous l'eau. Les vêtements accrochés au dossier de la chaise étaient les vêtements d'Inge, des vête-

ments qu'Inge portait tous les jours. Les vêtements
accrochés au dossier de la chaise étaient des uniformes. Inge tâta les murs avec les yeux, comme
un gros poisson fou. Lorsqu'elle vit la porte, elle
sortit de la pièce.

Sur les trottoirs le soleil transforma les cheveux d'Inge en un buisson flamboyant. De
grosses femmes aux jambes courtes et aux vêtements froissés la bousculèrent en passant. Les
femmes disparurent dans les portes des magasins. D'autres femmes qui leur ressemblaient
totalement et étaient les mêmes femmes sor-
tirent des magasins en traînant leurs achats.
Leurs sacs à main ressemblaient à des ballots.
Leurs cous s'affaissaient entre leurs omoplates,
se gonflaient, rougissaient et leur dos s'arron-
dissait.

Le ciel était la même plaque d'asphalte que
l'asphalte foulé par les pieds d'Inge. Inge devait
marcher sur la tête, car le ciel était aussi un trottoir.
Elle se tordit les bras et les jambes, et un arbre était
au bord du chemin et son tronc transperça son
crâne et de sa bouche sortit une longue branche,
dans ses feuilles elle entendit son estomac glou-
glouter. La tête d'Inge pivota et se mit à l'envers.
Elle se dressait avec son cou vers le haut. Une
femme en robe d'été lilas imprimée de papillons
blancs vint vers Inge. La femme portait un gros
bouquet de roses noires veloutées. La femme
demanda l'heure à Inge. Pendant qu'Inge répon-

dait la femme déposa le bouquet de roses noires
veloutées dans le cou d'Inge comme s'il était un
vase. Elle tourna autour d'Inge en la regardant.
Elle dit que les roses étaient trop hautes, parce que
le cou d'Inge n'était pas assez profond, mais les
roses étaient belles et elles allaient bien à Inge.
Puis la femme se mit à rire. Elle se tordait de rire et
se tenait là grimaçante. Des nuées blanches de
papillons s'envolèrent hors de sa robe. Resta la
robe élimée et vide, et le vent s'en empara, car
la robe était devenue plus légère sans les nombreux
papillons qui s'étaient envolés. La femme dit
qu'elle devait s'en aller. Inge vit que les ongles
rouge sang de ses orteils brillaient. La femme dit à
gauche et fit un pas, la femme dit à droite et fit un
second pas. La femme disparut au coin d'une rue.
Inge entendit ses sandales claquer et sa voix dire
gauche-droite, gauche-droite, gauche-droite.

Inge se tenait au bord de la rue avec le bouquet de roses noires veloutées dans le cou.

Un homme qui portait un bouquet de marguerites blanches s'approcha d'Inge. Inge vit ses
yeux morts dans son visage et s'enfuit.

Lorsque Inge avança dans le couloir du rectorat, elle entendit ses souliers claquer gauche-
droite, gauche-droite, gauche-droite. Le rectorat
était une cage d'escalier. Les marches au-dessous
d'Inge avaient de profondes fissures et Inge ne
savait pas comment elle pourrait redescendre les
marches sans sentir les fissures sur sa peau. Les

murs du corridor en granit avaient les grandes
taches claires d'une peau malade.

L'inspecteur avait une lourde tête grise. Son
buste était assis immobile derrière un bureau
sombre. Le bureau brillait et reflétait l'image
d'une plante ornementale aux feuilles sombres
et dentelées. La plante était immobile, cependant dans son reflet sur le bureau elle tremblait.

L'inspecteur dit : nom. Sa voix était profonde.
Il devait avoir un cou très profond. L'inspecteur
dit : domicile. Son cou était long. L'inspecteur
dit : dernier emploi. Son cou se tordit. L'inspecteur dit : jusqu'à quand ? La moitié droite de sa
tête devint plus lourde que la gauche. L'inspecteur dit : et depuis ? Sa voix était plus profonde
que son cou était long. Elle avait un son aussi
sourd que si elle venait de son estomac. Donc
traductrice dans une usine, c'est-à-dire une usine
de construction de machines. L'ombre du buste
de l'inspecteur était accrochée au mur derrière
lui. L'ombre était plus mince et plus longue que le
buste de l'inspecteur. Deux mains osseuses pous-
sèrent un dossier sur le côté et restèrent posées
dessous. Votre cas n'est par conséquent plus de la
compétence de l'usine. Le rectorat dépend du
ministère de l'Enseignement. L'usine n'est pas de
la compétence du ministère de l'Enseignement.
L'usine dépend du ministère de la Construction
de machines. L'ombre de l'inspecteur s'allongea.
Lorsque la tête de l'ombre, en forme de poire, eut

atteint le plafond, elle tourna sur elle-même.
L'ombre tomba, la tête en bas, sur la tête de l'inspecteur. L'inspecteur sursauta. Il retira les mains
de sous le dossier. Ses doigts étaient couverts de
poils noirs. L'usine pourrait s'adresser au ministère de la Construction de machines parce que
l'usine dépend du ministère de la Construction de
machines. L'inspecteur tapait sur le tapis avec ses
souliers. Ses talons se trouvaient sur une feuille
tissée en noir. Le rectorat ne peut pas s'adresser
au ministère de la Construction de machines,
parce que le rectorat dépend du ministère de
l'Enseignement. Le ministère de la Construction
de machines peut, quand vous vous serez adressée
à l'usine, et que l'usine se sera adressée au ministère de la Construction de machines — l'inspecteur dessina de ses deux mains un grand cercle
dans l'air et serra ses doigts les uns contre les
autres —, s'adresser au ministère de l'Enseignement. Donc : le rectorat ne peut en aucun cas
s'adresser à un ministère auquel il ne peut pas
s'adresser. Entre le rectorat et le ministère de la
Construction de machines, il n'y a aucun contact.
Le ministère de la Construction de machines peut
s'adresser au ministère de l'Enseignement. Je
veux dire que le rectorat peut aussi s'adresser au
ministère de l'Enseignement, mais cela n'a pas de
sens, parce que le rectorat fait partie du ministère
de l'Enseignement. L'inspecteur se leva de sa
chaise. Le dossier de la chaise refléta le placard.

Nouvelle image de l'inspecteur dans la vitre de la
fenêtre, la tête aplatie. Des ombres de feuilles
d'acacia d'un vert vif tremblotaient au-dessus de
son visage. Son nez était rouge et humide. L'inspecteur épongea la sueur avec un grand mouchoir
brun. Et ça n'a pas de sens de faire quelque chose
qui n'a pas de sens. C'est dans ce sens que je veux
dire que vous perdriez votre temps et pendant ce
temps vous pourriez peut-être trouver un emploi
temporaire. Avec le temps peut-être y aura-t-il
aussi quelque chose chez nous, au cas où il n'y
aurait rien ailleurs. Je sais que vous n'avez pas le
temps, le temps c'est de l'argent, mais on dit
aussi : le temps est un bon conseiller. En résumé,
passez de temps en temps à l'inspection quand
vous avez le temps. L'inspecteur se tenait sur une
fleur tissée en rouge au bord du tapis. Ses talons
étaient tranchés. Avec le temps nos directives
peuvent aussi changer bien que je ne croie pas que
nos directives puissent changer si rapidement.
L'inspecteur disparut de la vitre. L'air brûlant s'y
reflétait comme un arc-en-ciel. L'inspecteur se
plaça à côté du placard. Donc comme je l'ai déjà
dit : étant donné qu'en conséquence le ministère
de la Construction de machines, parce que vous
cherchez un emploi ou plutôt qu'il vous appartient d'en chercher un, après que, depuis que,
l'usine, et que le ministère pour la Construction
de machines pendant ce temps, donc le ministère
de l'Enseignement pour cette raison par l'inter-

médiaire de l'usine, pendant que le rectorat cherche un emploi, ou plutôt vous cherche un emploi et que le ministère de la Construction de machines pour cette raison étant donné toutes ces circonstances n'est pas compétent.

Dans le corridor les taches de la pierre s'étaient ratatinées. Elles avaient coulé. Inge sentit dans sa bouche l'odeur des roses pourries. Inge sortit dans la rue et vomit à côté du portail.

Trois policiers défilèrent devant Inge. Ils étaient aussi larges que le trottoir. Celui du milieu était le plus gros et marchait un demi-pas devant les deux autres. Un tramway passa dans un grondement devant la tête d'Inge. Derrière lui les fils trem-blèrent dans l'air. Les rails demeurèrent vides et rampèrent sous les maisons.

Inge traversa un parc vert et tout plat. Inge ferma les yeux en marchant et vit de nombreux soldats verts dans le parc. Les arbres formèrent un grand cercle. Le chemin vers la sortie du parc était barré. Le ciel était un enchevêtrement de bois. Le bois était noueux et rempli de poings. Inge poussa un cri. Le cri était muet et lui fit mal à la gorge. Inge se mit à courir.

À un carrefour un policier siffla. Il se tenait jambes écartées sur l'asphalte. Les voitures attendaient formant de longues files. Le policier tendit son long gant blanc en l'air. Le gant res-semblait à un genou. Le policier siffla une fois encore. Les files de voitures se mirent en mouvement. Les roues tournaient comme de la poussière grise. Le gant blanc du policier s'élevait tout droit au-dessus de la ville.

Un homme poussa une voiture d'enfant en direction d'Inge. L'enfant avait une bouche obstruée pleine de salive. Sur son menton pendait le grand anneau bleu de la sucette. L'homme disait : gauche-droite, gauche-droite, gauche-droite. Les rayons minces des roues de la voiture d'enfant scintillaient. La voiture d'enfant était un fauteuil roulant. Les souliers de l'homme défilaient entre les roues scintillantes sur l'asphalte.

Les yeux d'Inge firent un tour autour de sa tête et se figèrent les pupilles tournées vers l'intérieur. Inge vit l'immeuble dans lequel elle vivait dressé au bord de la rue derrière des voitures garées. Les antennes sur le toit s'enchevêtraient.

Inge ferma la porte. Inge regarda la porte et eut l'impression que la porte se tenait derrière son dos. Inge alluma le téléviseur. L'écran jeta une lueur froide et blafarde sur sa main. Le lit ressemblait à nouveau à un cercueil. Inge se laissa tomber sur le lit. Le téléviseur, aveugle, bruissait. Inge le regarda jusqu'à ce qu'il devienne plus profond. Dans la profondeur elle vit un petit point brûlant. Inge regarda le téléviseur dans sa chambre. Inge vit Inge dans la chambre d'Inge couchée sur le lit d'Inge. Inge vit Inge sur un écran regarder Inge sur un écran. Inge vit un morceau de papier froissé sous le lit d'Inge sur l'écran. Inge mit la main sous le lit et vit sur l'écran Inge en train de mettre la main sous le lit d'Inge. Inge vit sur l'écran Inge en train de lisser le morceau de papier. Sur le papier était écrit : tenir en équilibre sur la tête.

Inge vit Inge sur l'écran tenir en équilibre sur la tête.

MONSIEUR WULTSCHMANN

Monsieur Wultschmann a un nez qui ressemble à une pioche. Lorsqu'il s'éveille le matin sans réveil, et cependant chaque matin à la même heure — un homme qui est un homme a la ponctualité dans le sang, dit monsieur Wultschmann —, monsieur Wultschmann commence aussitôt par toucher son nez.

Monsieur Wultschmann dit, quand on lui demande son âge, dans la fleur de l'âge. Depuis des années monsieur Wultschmann dit dans la fleur de l'âge, ou on a l'âge que l'on ressent, ou encore en tout cas plus jeune que la route nationale. Et toujours, quand monsieur Wultschmann parle de son âge, il montre les muscles de son bras droit. Monsieur Wultschmann contracte tellement ses muscles que les artères de son front et de son cou gonflent énormément. Toujours, quand monsieur Wultschmann parle de son âge, il regrette que le temps ne soit plus bon à autre chose qu'à perdre son temps. Temporairement

le temps se dissout, dit monsieur Wultschmann.
Le temps est pourri. Il ne se passe rien qui tienne
les hommes en haleine. Les hommes ne vivent
pas dans le temps parce que le temps n'est plus
leur temps. Il est temps que les temps changent,
dit monsieur Wultschmann. Il est grand temps.

Monsieur Wultschmann se rappelle le temps
de la Seconde Guerre mondiale. C'étaient
encore des temps, dit monsieur Wultschmann.
Autrefois chaque homme vivait encore sa vie.
Chacun profitait de la vie, s'il n'était pas mort.
Autrefois chacun mettait sa vie en jeu. En ce
temps-là personne ne vivait au jour le jour, dit
monsieur Wultschmann. Ils étaient nombreux à
être trop bêtes pour survivre, ils ne comprenaient pas combien les temps qu'ils vivaient
étaient agités. Ils ne suivaient pas le mouvement
de leur temps. Ils n'étaient pas flexibles, dit
monsieur Wultschmann. Ils ne comprenaient
pas que par des temps pareils tout ce qu'on fait,
on le fait au péril de sa vie, et tout ce qu'on ne
fait pas, on ne le fait pas au péril de sa vie.
D'abord moi, ensuite encore moi, et pendant
longtemps, longtemps, rien, et puis les autres.
Ne regarder ni à gauche ni à droite, mais toujours résolument droit devant soi. Et tirer, tirer
trois fois avant qu'on vous tire dessus, dit monsieur Wultschmann. Et pas de camaraderies,
autrement il faut aider les autres au lieu de
s'aider soi-même. Et pas de femmes, sinon on

profite de vous, sinon on vous distrait de votre propre personne. Pas de sentiments pour des êtres humains. Des sentiments seulement pour les choses, pour une chose. Une chose n'est pas un être humain et elle ne peut pas vous nuire, dit monsieur Wultschmann. Et être toujours au bon moment pour la bonne chose.

Je n'ai encore jamais été intéressé par les femmes, dit monsieur Wultschmann. Les femmes ne jouent absolument aucun rôle dans la guerre. Elles ne comprennent rien du cours du temps, de l'essence de l'Histoire. Leurs sentiments vont toujours à un être et jamais à une chose. Les femmes, dit monsieur Wultschmann, mettent les hommes en danger, en danger de mort. Elles gâtent le caractère viril et le moral d'un homme. Les hommes doivent les battre s'ils veulent continuer à être des hommes. Ce sont toujours les hommes qui ont prononcé de grands mots au cours de l'Histoire. Et aujourd'hui encore ils continuent à le faire. Nous manquons de discipline, dit monsieur Wultschmann. Au bon vieux temps il y avait la peine de mort. Si on s'en remet pour tout à la mort naturelle, les gens ne respectent pas les lois. Autrefois il y avait pour toutes les choses importantes des lois importantes. Maintenant les choses les plus importantes sont devenues sans importance. Maintenant il y a pour des choses sans importance des lois importantes et pour les choses importantes des lois sans importance. Le monde n'a plus de normes. Il manque quelqu'un qui ait la stature d'un chef, dit monsieur Wultschmann. On le remarque partout, même dans notre petit village on le remarque, dit monsieur Wultschmann.

Monsieur Wultschmann joue depuis des années avec des marionnettes. C'est la guerre qui m'a appris le théâtre de marionnettes, comme tout ce qui a un sens dans ma vie, dit monsieur Wultschmann. Monsieur Wultschmann se met debout, droit comme un piquet, il lève la main pour faire le salut, dit Heil et plisse les yeux, il n'y a plus qu'une fente. Par la fente passe l'auto de l'ennemi. Monsieur Wultschmann s'imagine que l'auto de l'ennemi explose et que les soldats déchiquetés baignent dans leur sang. Pendant un moment monsieur Wultschmann reste comme pétrifié de fierté. Sa poitrine se soulève et s'affaisse comme un soufflet. Monsieur Wultschmann ne sait pas si l'événement s'est produit avant, pendant ou après la représentation. Il se place droit comme un piquet dans la rue d'une ville assiégée devant une maison, lève la main pour faire le salut, dit Heil, plisse les yeux, il n'y a plus qu'une fente et il s'imagine que la maison explose. Et la maison explose. Théâtre de marionnettes, crie monsieur Wultschmann et il tremble de joie. Nous avons perdu la guerre parce que les soldats allemands ne savaient pas manier les marionnettes, dit monsieur Wultschmann.

C'est ainsi qu'en danger de mort j'ai survécu

à la mort, dit monsieur Wultschmann. Je me
suis affirmé devant l'ennemi. Je me suis affirmé
dans toutes les situations de la vie. C'est la
guerre qui me l'a appris comme tout ce qui a un
sens dans ma vie, dit monsieur Wultschmann.

La guerre est l'école de la vie, dit monsieur
Wultschmann. Monsieur Wultschmann réfléchit
beaucoup.

Monsieur Wultschmann a toujours raison.
Monsieur Wultschmann affirme quelque chose
jusqu'à ce qu'il ait raison. À la fin de chaque
discussion, monsieur Wultschmann a d'autant
plus raison que la discussion a duré longtemps.
Réfléchissez-y donc, vous verrez que j'ai raison, dit monsieur Wultschmann. Comme vous
voyez, cette fois encore j'ai eu raison, dit monsieur Wultschmann.

Comme vous êtes pâle ! Vous êtes encore si
jeune, dit monsieur Wultschmann. Qu'est-ce
que vous en savez ! Vous ne savez rien. Vous
n'avez pas encore vécu. Vous vivez les livres que
vous avez lus. Vous n'avez aucune expérience de
la vie. C'est difficile quand on ne vit pas depuis
longtemps et qu'on vit dans un temps où il ne se
passe rien, dit monsieur Wultschmann.

Vous êtes un faible, dit monsieur Wultschmann.
Vous n'êtes pas habitué à ce qu'on vous dise tout
cela en face. Vous êtes un faible. Mais il faut bien
qu'il y ait aussi des faibles, dit monsieur
Wultschmann. En fait les faibles ont la belle vie. Ils

ne savent pas comme ils sont faibles. Vous n'êtes pas obligé de vous imposer devant l'ennemi parce que vous êtes faible, dit monsieur Wultschmann.

Crénom de nom, vous n'avez absolument aucune obligation, hurle monsieur Wultschmann.

PARC NOIR

Pour Richard

Rester dans la barre d'immeubles, rester entre ses quatre murs, écouter le vent gratter aux portes et être aux aguets simplement parce que la porte ne ferme pas.

Toujours croire que quelqu'un vient, puis c'est le soir et c'est trop tard pour cette visite.

Toujours regarder le rideau se gonfler comme si un énorme ballon entrait dans la pièce.

Dans les vases les fleurs forment de si gros bouquets qu'ils ne sont qu'un fouillis d'une beauté étouffante, et dévasté comme si c'était une vie.

Et la peine qu'on se donne avec cette vie.

Passer par-dessus des bouteilles qui traînent encore sur le tapis depuis la veille. La porte de l'armoire grande ouverte, dedans les vêtements gisent comme dans une tombe. Si vides, comme si celui à qui ils appartiennent n'existait pas.

L'automne pour les chiens dans le parc, pour les mariages tardifs dans les jardins de l'été en novembre, avec de l'argent emprunté et de grandes fleurs rouges flamboyantes et des cure-dents plantés dans les olives.

Le quartier rempli de mariées dans des autos empruntées, la ville pleine de photographes à casquettes à carreaux. Derrière les robes des mariées, le film se déchire.

Fille naïve, toute ridée, où vas-tu de bon matin sur tant d'asphalte. À longueur d'année tu traverses le parc noir.

Lorsque tu as dit, l'été vient, tu n'as pas pensé à l'été. Et pourquoi parles-tu maintenant de l'automne comme si cette ville n'était pas en pierre, comme si une feuille pouvait se faner un jour à son contact.

Tes amis ont des ombres dans les cheveux et en te regardant ils voient que tu es triste et s'y habituent et s'en accommodent. Tu es comme ça. Que peut-on y faire quand quel que soit le sujet, il est toujours question de perdre. À quoi ça sert quand l'angoisse dans les verres de vin est un remède à l'angoisse et que la bouteille se vide peu à peu.

Quand ils rient aux éclats, quand ils se tordent de rire, quand ils meurent de rire, à quoi ça sert.

Et pourtant nous sommes encore jeunes.

Et une fois de plus un dictateur a été renversé, et une fois de plus la mafia a assassiné quelqu'un et un terroriste est en train de mourir en Italie.

Tu ne peux pas boire, ma fille, contre ta peur. Tu sirotes ce verre comme toutes les femmes qui n'ont pas de vie, qui n'ont pas leur place dans tout ce bazar, ni dans cette société, ni dans aucun autre bazar. Ni dans le leur non plus.

Et quand les gens ne se défendent plus, que peut-il encore arriver.

Tes yeux sont fadasses. Il est fadasse ton sentiment, il sent le moisi. Hélas pour toi, ma fille, hélas.

JOURNÉE DE TRAVAIL

Cinq heures et demie du matin. Le réveil sonne.

Je me lève, enlève ma robe, la pose sur l'oreiller, mets mon pyjama, vais à la cuisine, monte dans la baignoire, saisis une serviette, lave mon visage, prends le peigne, me sèche avec, prends ma brosse à dents, me coiffe avec, prends l'éponge, me lave les dents avec. Ensuite je vais à la salle de bains, mange une tranche de thé et bois une tartine de pain.

J'enlève ma montre et mes bagues.

Je quitte mes chaussures.

Je vais dans l'escalier, j'ouvre la porte de l'appartement. Avec l'ascenseur je vais du cinquième au premier étage.

Puis je monte les neuf étages et je suis dans la rue.

À l'épicerie je m'achète un journal, ensuite je vais à l'arrêt du bus, m'achète un croissant, et arrivée au kiosque à journaux je monte dans le tram.

Trois stations avant d'y être montée je des-
cends.

Je réponds au salut du portier avant qu'il me
salue, c'est une fois de plus lundi et encore une
fois une semaine qui s'achève.

J'entre dans le bureau, je dis au revoir, accroche
ma veste à la table, m'assieds sur le porte-manteau
et me mets à travailler. Je travaille huit heures.

NOTE DE L'ÉDITEUR

La première édition de *Niederungen* parut en 1982 à Bucarest chez l'éditeur de langue allemande Kriterion. Cette édition, reprise en 1984 par les éditions Rotbuch à Berlin et plusieurs fois rééditée depuis, était amputée de quatre récits («Autrefois en mai»; «L'opinion»; «Inge»; «Monsieur Wultschmann»). En outre, des passages avaient été supprimés dans certains chapitres dont l'ordre avait été modifié. La traduction est conforme à l'édition de *Niederungen* de 2010 dans laquelle les chapitres supprimés ont été réintroduits et leur enchaînement restitué. Dans cette édition, l'auteur a examiné les coupures faites dans l'édition de 1984 et en partie rétabli le texte.

HERTA MÜLLER

PRIX NOBEL DE LITTÉRATURE 2009

Aux Éditions Gallimard

L'HOMME EST UN GRAND FAISAN SUR TERRE, 1990 (Folio n° 2173)

LA BASCULE DU SOUFFLE, 2010 (Folio n° 5341)

ANIMAL DU CŒUR, 2012 (Folio n° 5627)

DÉPRESSIONS, 2015 (Folio n° 6436)

Chez d'autres éditeurs

LE RENARD ÉTAIT DÉJÀ LE CHASSEUR, 1997, *Seuil*

LA CONVOCATION, 2001, *Métailié*

Composition IGS
Impression Novoprint
à Barcelone, le 10 janvier 2018
Dépôt légal : janvier 2018

ISBN 978-2-07-044550-9./Imprimé en Espagne.

237404